Gerechter Frieden

Reihe herausgegeben von
Ines-Jacqueline Werkner, Heidelberg, Deutschland
Sarah Jäger, Heidelberg, Deutschland

„Si vis pacem para pacem" (Wenn du den Frieden willst, bereite den Frieden vor.) – unter dieser Maxime steht das Leitbild des gerechten Friedens, das in Deutschland, aber auch in großen Teilen der ökumenischen Bewegung weltweit als friedensethischer Konsens gelten kann. Damit verbunden ist ein Perspektivenwechsel: Nicht mehr der Krieg, sondern der Frieden steht im Fokus des neuen Konzeptes. Dennoch bleibt die Frage nach der Anwendung von Waffengewalt auch für den gerechten Frieden virulent, gilt diese nach wie vor als Ultima Ratio. Das Paradigma des gerechten Friedens einschließlich der rechtserhaltenden Gewalt steht auch im Mittelpunkt der Friedensdenkschrift der Evangelischen Kirche in Deutschland (EKD) von 2007. Seitdem hat sich die politische Weltlage erheblich verändert; es stellen sich neue friedens- und sicherheitspolitische Anforderungen. Zudem fordern qualitativ neuartige Entwicklungen wie autonome Waffensysteme im Bereich der Rüstung oder auch der Cyberwar als eine neue Form der Kriegsführung die Friedensethik heraus. Damit ergibt sich die Notwendigkeit, Analysen fortzuführen, sie um neue Problemlagen zu erweitern sowie Konkretionen vorzunehmen. Im Rahmen eines dreijährigen Konsultationsprozesses, der vom Rat der EKD und der Evangelischen Friedensarbeit unterstützt und von der Evangelischen Seelsorge in der Bundeswehr gefördert wird, stellen sich vier interdisziplinär zusammengesetzte Arbeitsgruppen dieser Aufgabe. Die Reihe präsentiert die Ergebnisse dieses Prozesses. Sie behandelt Grundsatzfragen (I), Fragen zur Gewalt (II), Frieden und Recht (III) sowie politisch-ethische Herausforderungen (IV).

Weitere Bände in der Reihe http://www.springer.com/series/15668

Ines-Jacqueline Werkner ·
Thilo Marauhn
(Hrsg.)

Die internationale Schutzverantwortung im Lichte des gerechten Friedens

Frieden und Recht · Band 3

Hrsg.
Ines-Jacqueline Werkner
Heidelberg, Deutschland

Thilo Marauhn
Gießen, Deutschland

Gerechter Frieden
ISBN 978-3-658-25537-4   ISBN 978-3-658-25538-1   (eBook)
https://doi.org/10.1007/978-3-658-25538-1

Die Deutsche Nationalbibliothek verzeichnet diese Publikation in der Deutschen Nationalbibliografie; detaillierte bibliografische Daten sind im Internet über http://dnb.d-nb.de abrufbar.

Springer VS
© Springer Fachmedien Wiesbaden GmbH, ein Teil von Springer Nature 2019
Das Werk einschließlich aller seiner Teile ist urheberrechtlich geschützt. Jede Verwertung, die nicht ausdrücklich vom Urheberrechtsgesetz zugelassen ist, bedarf der vorherigen Zustimmung des Verlags. Das gilt insbesondere für Vervielfältigungen, Bearbeitungen, Übersetzungen, Mikroverfilmungen und die Einspeicherung und Verarbeitung in elektronischen Systemen.
Die Wiedergabe von allgemein beschreibenden Bezeichnungen, Marken, Unternehmensnamen etc. in diesem Werk bedeutet nicht, dass diese frei durch jedermann benutzt werden dürfen. Die Berechtigung zur Benutzung unterliegt, auch ohne gesonderten Hinweis hierzu, den Regeln des Markenrechts. Die Rechte des jeweiligen Zeicheninhabers sind zu beachten.
Der Verlag, die Autoren und die Herausgeber gehen davon aus, dass die Angaben und Informationen in diesem Werk zum Zeitpunkt der Veröffentlichung vollständig und korrekt sind. Weder der Verlag, noch die Autoren oder die Herausgeber übernehmen, ausdrücklich oder implizit, Gewähr für den Inhalt des Werkes, etwaige Fehler oder Äußerungen. Der Verlag bleibt im Hinblick auf geografische Zuordnungen und Gebietsbezeichnungen in veröffentlichten Karten und Institutionsadressen neutral.

Verantwortlich im Verlag: Jan Treibel

Springer VS ist ein Imprint der eingetragenen Gesellschaft Springer Fachmedien Wiesbaden GmbH und ist ein Teil von Springer Nature
Die Anschrift der Gesellschaft ist: Abraham-Lincoln-Str. 46, 65189 Wiesbaden, Germany

Inhalt

Die internationale Schutzverantwortung.
Anhaltspunkt für eine Ethik des gerechten Friedens? 1
Ines-Jacqueline Werkner

Souveränität als Verantwortung. Theologisch-ethische
Annäherungen zur *Responsibility to Protect* 15
Tobias Zeeb

Die Schutzverantwortung der Staatengemeinschaft
im Spannungsfeld von politischer Ethik und
internationaler Politik 39
Thomas Hoppe

Die *Responsibility to Prevent* – „the one not to
be named"? 63
Markus Böckenförde

Zum Potenzial des Konzepts der *Responsibility
while Protecting* 83
Stefan Oeter

Responsibility to Protect – ein westliches Konzept? 107
Dan Krause

Der Beitrag der internationalen Schutzverantwortung
zu einer Ethik des gerechten Friedens. Eine Synthese 143
Thilo Marauhn

Autorinnen und Autoren 151

Die internationale Schutzverantwortung
Anhaltspunkt für eine Ethik des gerechten Friedens?

Ines-Jacqueline Werkner

1   Einleitung

Die internationale Schutzverantwortung (*Responsibility to Protect*, R2P) hat wie kaum ein anderes Konzept in nur kurzer Zeit Eingang in die internationale Politik gefunden, begleitet von kontroversen politischen und ethischen Debatten, die bis heute anhalten. Während Befürworter einer *Responsibility to Protect* die Aufwertung individueller Menschenrechte gegenüber Staatsrechten in Anschlag bringen und in der R2P einen Weg sehen, bedrohte Menschen zu schützen, befürchten ihre Kritiker eine weitere Aushöhlung des internationalen Interventions- und Gewaltverbotes. Und wieder andere kritisieren, dass selbst im Falle eines Konsenses die Frage nach der Umsetzung weiterhin offen bleibe (vgl. Wittig 2008, S. 98).[1]

Diese Kontroversen finden sich nicht nur im politischen Raum, die R2P ist zugleich Gegenstand kirchlicher friedensethischer Debatten. So verabschiedete auch der Weltkirchenrat (= Ökumenischer Rat der Kirchen, ÖRK) eine Erklärung zur Schutzpflicht (ÖRK 2006). In dieser unterstützen die Mitgliedskirchen explizit die in der Entstehung begriffene internationale Norm der Schutzpflicht

---

1   Der Text stützt sich auf Werkner und Rademacher (2013) sowie Werkner (2016, 2018).

und befürworten den dort vorgenommenen Perspektivenwechsel, der die Rechte der Menschen in den Mittelpunkt rückt, verbunden mit der Pflicht der Staaten, für den Schutz ihrer Bürgerinnen und Bürger zu sorgen. Dabei betonen sie die Prävention als zentrales Instrument und Anliegen der Kirchen. Offen blieb allerdings weiterhin die Antwort auf die ethische Frage der Anwendung militärischer Gewalt. Denn wenngleich die Erklärung zur Schutzpflicht von der Vollversammlung des ÖRK im Konsens gebilligt wurde, stehen dort gegensätzliche Positionen unvermittelt nebeneinander:

> „Kirchen mögen einräumen, dass Gewaltanwendung zum Schutz der Bevölkerung unter bestimmten Umständen eine Option darstellt, die den Erfolg nicht garantieren kann, die aber genutzt werden muss, da die Welt bisher weder in der Lage war, noch ist, irgendein anderes Instrument zu finden, um Menschen in aussichtslosen Situationen zu Hilfe zu kommen. Es ist allerdings festzuhalten, dass innerhalb der Kirchen auch Gruppierungen bestehen, die Gewalt kategorisch ablehnen. Sie vertreten eine Pflichterfüllung durch konsequente Prävention und – wie hoch der Preis auch sein mag – als letztes Mittel das Risiko gewaltloser Intervention bei gewalttätigen Auseinandersetzungen einzugehen. Beide Ansätze können erfolglos bleiben, sind aber in gleicher Weise als Ausdruck christlicher Pflichterfüllung zu respektieren." (ÖRK 2006, Ziff. 14)

Das heißt, während die einen in der R2P ein Instrument sehen, bedrohte Menschen zu schützen, und hierbei militärische Gewalt als letztes Mittel nicht ausschließen beziehungsweise sogar explizit mit einschließen, stellt sich für letztere die Frage, inwieweit die Mitgliedskirchen damit noch der Zielsetzung ihrer Dekade, Geist, Logik und Ausübung von Gewalt[2] zu überwinden, entsprechen

---

2   1998 rief die 8. Vollversammlung des Weltkirchenrates in Harare/ Simbabwe – parallel zur Dekade der Vereinten Nationen für eine Kultur des Friedens und der Gewaltfreiheit für die Kinder der Welt – eine „Dekade zur Überwindung von Gewalt" aus. Diese Dekade sollte

oder letztlich nicht doch der Logik des Krieges verhaftet bleiben (vgl. hierzu auch Enns 2012, S. 220ff.). Diese Spannungen setzten sich auch in den nachfolgenden Debatten fort. So wurden in der abschließenden Botschaft der Friedenskonvokation der ÖRK und seine Mitgliedskirchen gebeten, im Ringen um die Frage, wie unschuldige Menschen vor Ungerechtigkeit, Krieg und Gewalt geschützt werden können, ihre Haltung zum Konzept der internationalen Schutzverantwortung zu klären (vgl. ÖRK 2011). Diese Forderung wurde auf der Vollversammlung des Weltkirchenrates 2013 in Busan noch einmal wiederholt. Insbesondere forderten die Teilnehmenden eine kritische Analyse des Konzeptes, seines Verhältnisses zum gerechten Frieden sowie seiner missbräuchlichen Nutzung zur Legitimierung militärischer Interventionen ein (vgl. ÖRK 2013, S. 5).

An diese Forderung anknüpfend widmet sich der vorliegende Band den aktuellen friedensethischen Kontroversen um die internationale Schutzverantwortung im Lichte des gerechten Friedens: Wie verortet sich die *Responsibility to Protect* im Rahmen des neuen friedensethischen Leitbildes? Kann sie als Anhaltspunkt für eine Ethik des gerechten Friedens dienen oder ist eher zu konstatieren: „Menschen geschützt – gerechten Frieden verloren?"[3]

---

unter anderem Geist, Logik und Ausübung von Gewalt überwinden, auf jede theologische Rechtfertigung von Gewalt verzichten und stattdessen die Spiritualität von Versöhnung und aktiver Gewaltlosigkeit bekräftigen (vgl. ÖRK 1999).
3 In Anlehnung an den Titel des internationalen Kongresses 2013 in Berlin, vgl. Werkner und Rademacher (2013).

2 Zum Konzept der *Responsibility to Protect*

Das Konzept der *Responsibility to Protect* wurde durch die von der kanadischen Regierung eingesetzte unabhängige Kommission *International Commission on Intervention and State Sovereignty* (ICISS 2001) entwickelt. Ausgangspunkt waren die Massaker in Ruanda 1994 und Srebrenica 1995, verbunden mit Überlegungen, Menschenrechtsverletzungen in den Fokus des ansonsten stark staatsbezogenen Völkerrechts zu rücken. Im Mittelpunkt des Kommissionsberichts steht die Neubestimmung des Souveränitätsbegriffs. Staatliche Souveränität beinhalte nicht allein die Unabhängigkeit (Nichteinmischung in die inneren Angelegenheiten) und Selbstbestimmung von Staaten, sondern müsse sich zugleich an der Souveränität seiner Bürgerinnen und Bürger messen lassen. Das schließe den Schutz der Bevölkerung mit ein. Sind Staaten nicht in der Lage oder willens, dem Schutz ihrer eigenen Bevölkerung nachzukommen, gehe diese Verantwortung an die internationale Gemeinschaft über. Dieser von der Kommission neu gefasste Souveränitätsbegriff basiert auf dem *Human Security*-Ansatz; er „stellt den Menschen in den Mittelpunkt und macht ihn zum Maßstab internationaler Politik" (Kursawe 2012, S. 35).

Der ICISS-Bericht benennt drei Teilverantwortlichkeiten: die Prävention (*Responsibility to Prevent*), die Reaktion (*Responsibility to React*) und den Wiederaufbau (*Responsibility to Rebuild*). Im Gegensatz zu den humanitären militärischen Interventionen wird ein weiter Ansatz der Krisen- und Konfliktbearbeitung verfolgt. Auch wenn öffentliche Debatten eher selten darauf Bezug nehmen, gilt Gewaltprävention als die vorrangige Aufgabe und Verpflichtung. Auch im Falle der *Responsibility to React*, die erst eintritt, wenn die Prävention versagt hat, sind zunächst Zwangsmaßnahmen jenseits militärischer Gewalt vorgesehen wie finanzielle Sanktionen, Zugriffssperren, das Einfrieren von

Bankkonten oder auch Waffenembargos und die Einstellung militärischer Unterstützungsprogramme. Militärische Interventionen sieht das Konzept der internationalen Schutzverantwortung nur in Ausnahmesituationen – bei Völkermord, Kriegsverbrechen, Verbrechen gegen die Menschlichkeit und ethnischen Säuberungen – als *ultima ratio* vor.

Mittlerweile ist das Konzept der internationalen Schutzverantwortung auch in Dokumenten der Vereinten Nationen verankert (vgl. u. a. Haedrich 2012, S. 26f.; Loges 2013, S. 19ff.). Zunächst fand es Aufnahme im *High Level Panel Report* von 2004:

> „Wir unterstützen die sich herausbildende Norm, der zufolge eine kollektive internationale Schutzverantwortung besteht, die vom Sicherheitsrat wahrzunehmen ist, der als letztes Mittel eine militärische Intervention genehmigt, falls es zu Völkermord und anderen Massentötungen, ethnischer Säuberung oder schweren Verstößen gegen das humanitäre Völkerrecht kommt und souveräne Regierungen sich als machtlos oder nicht willens erwiesen haben, diese zu verhindern." (UN-Dok. A/59/565 vom 2. Dezember 2004, Art. 203)

Auf dem Weltgipfel der Vereinten Nationen 2005 ist die *Responsibility to Protect* dann von den Staats- und Regierungschefs einstimmig verabschiedet worden (UN-Dok. A/RES/60/1 vom 24. Oktober 2005). In Artikel 138 wird die Verantwortung des Staates für den Schutz seiner Bevölkerung betont. Artikel 139 spricht von der

> „Pflicht [der Vereinten Nationen, Anm. d. Verf.], geeignete diplomatische, humanitäre und andere friedliche Mittel nach den Kapiteln VI und VIII der Charta einzusetzen, um beim Schutz der Bevölkerung vor Völkermord, Kriegsverbrechen, ethnischer Säuberung und Verbrechen gegen die Menschlichkeit behilflich zu sein."

Weiter heißt es in diesem Artikel:

> „In diesem Zusammenhang sind wir bereit, im Einzelfall und in Zusammenarbeit mit den zuständigen Regionalorganisationen rechtzeitig und entschieden kollektive Maßnahmen über den Sicherheitsrat im Einklang mit der Charta, namentlich Kapitel VII, zu ergreifen, falls friedliche Mittel sich als unzureichend erweisen und die nationalen Behörden offenkundig dabei versagen, ihre Bevölkerung vor Völkermord, Kriegsverbrechen, ethnischer Säuberung und Verbrechen gegen die Menschlichkeit zu schützen."

Eine Stärkung erfuhr die internationale Schutzverantwortung, als der damalige Generalsekretär der Vereinten Nationen Ban Ki-moon 2007 Francis Deng zum Sonderberater zur Verhinderung von Völkermord und 2008 Edward C. Luck zum Sonderberater für die *Responsibility to Protect* ernannte. In seinem Bericht über die „Umsetzung der Schutzverantwortung" (UN-Dok. A/63/677 vom 12. Januar 2009) konkretisierte er das Konzept der R2P und beschrieb die erforderlichen Maßnahmen seiner Implementierung. Dies erfolgte – in Anlehnung an die Artikel 138 und 139 der Resolution vom Weltgipfel (UN-Dok. A/RES/60/1 vom 24. Oktober 2005) – im Rahmen einer Drei-Säulen-Strategie, die erstens die Schutzverantwortung des Staates, zweitens internationale Hilfe und Kapazitätsaufbau sowie drittens die rechtzeitige und entschiedene Reaktion der internationalen Gemeinschaft enthält. Ein wesentlicher Fokus liegt dabei auf der Schaffung einer Frühwarnkapazität.

Ein Vergleich zwischen dem ICISS-Bericht und der Umsetzung der internationalen Schutzverantwortung im Rahmen der Vereinten Nationen lässt Gemeinsamkeiten, aber auch Unterschiede erkennen. Als zentral erweist sich der breite Ansatz, insbesondere die herausgehobene Rolle der Prävention. Allerdings wurde der von der kanadischen Kommission vorgeschlagene dritte Teil der Schutzverantwortung – die internationale Verantwortung für den

Wiederaufbau (*Responsibility to Rebuild*) – nicht in die Dokumente der Vereinten Nationen aufgenommen. Hier gab es Bedenken insbesondere von Ländern des Südens, die darin die Gefahr einer Dominanz westlicher Normsetzung und eines „Rückfall[s] in koloniale Bevormundung" (Justitia et Pax 2015, S. 3) sahen. Auch finden sich weder die konkreten Kriterien für militärische Interventionen[4] noch die Vorschläge der Kommission bei einer Blockierung des UN-Sicherheitsrates[5] in den UN-Dokumenten wieder. Diese heben unverändert auf die zentrale Stellung des UN-Sicherheitsrates ab. Ein weiterer Unterschied besteht im Anwendungsspektrum. Die *Responsibility to Protect* greift – entsprechend den UN-Dokumenten – in vier konkreten Fällen: bei Völkermord, Kriegsverbrechen, Verbrechen gegen die Menschlichkeit sowie ethnischen Säuberungen. Der ICISS-Bericht bezog noch einen weiteren Tatbestand in die internationale Schutzverantwortung mit ein: dramatische Natur- oder Umweltkatastrophen (vgl. ICISS 2001, S. 33). Dieser fand bei der internationalen Verankerung des Konzepts jedoch keine Berücksichtigung. So wird häufig auch von einer „R2P-lite" gesprochen (u. a. Weiss 2006, S. 750).[6]

Welchen völkerrechtlichen Status besitzt nun die *Responsibility to Protect*? Vielfach ist von einer „emerging norm" beziehungs-

---

4   Hier bedient sich der ICISS-Bericht der Kriterien der Lehre vom gerechten Krieg. Danach müssen sechs Kriterien erfüllt sein: legitime Autorität, gerechter Grund, rechte Absicht, letztes Mittel, Verhältnismäßigkeit der Mittel sowie Aussicht auf Erfolg (vgl. ICISS 2001, S. 32).

5   Diesbezüglich machte die Kommission weitreichende Vorschläge, u. a. zur Einbeziehung regionaler Organisationen, zur Möglichkeit der „konstruktiven Enthaltung" im UN-Sicherheitsrat oder zur Einbeziehung der UN-Generalversammlung.

6   Die Literatur zur internationalen Schutzverantwortung ist überaus umfangreich; vgl. hierzu u. a. Hoppe und Schlotter (2017).

weise einer „Norm im Entstehen" die Rede. Diese Einschätzung ist nicht unumstritten. Während Ban Ki-moon in seinem Bericht von 2009 betont:

> „Hervorzuheben ist, dass die Bestimmungen der Ziffern 138 und 139 des Gipfelergebnisses fest in den anerkannten Grundsätzen des Völkerrechts verankert sind. Sowohl nach Völkervertragsrecht als auch nach Völkergewohnheitsrecht sind die Staaten verpflichtet, Völkermord, Kriegsverbrechen und Verbrechen gegen die Menschlichkeit zu verhüten und zu bestrafen" (UN-Dok. A/63/677 vom 12. Januar 2009),

kritisiert beispielsweise der Politikwissenschaftler Christopher Daase (2013), dass „quasi-rechtliche Rechtfertigungsstrategien für Maßnahmen ermöglicht [werden], die strictu sensu völkerrechtswidrig sind". In dieser Frage ist die politikwissenschaftliche wie auch völkerrechtliche Debatte durchaus gespalten (vgl. u. a. auch Staack und Krause 2015).

In der politischen Praxis kam das Konzept der R2P jedenfalls bisher nur sehr selektiv und auch eher restriktiv zur Anwendung, zumeist in Form seiner ersten Säule, das an die Verantwortung des betreffenden Staates, seine Bevölkerung zu schützen, appelliert, und weniger als Aufforderung der internationalen Staatengemeinschaft, ihrer Schutzverantwortung nachzukommen (vgl. Hoppe und Schlotter 2017, S. 694). Dazu hat zu einem Großteil auch der Einsatz in Libyen 2011 – die erste militärische Intervention, die explizit mit der *Responsibility to Protect* gerechtfertigt wurde – beigetragen. Dieser Einsatz galt mit dem verfolgten Regimewandel nicht nur als negativer Präzedenzfall einer (zu) weiten Auslegung des UN-Mandats, sondern hat vor allem das prinzipielle Missbrauchspotenzial des Konzepts der internationalen Schutzverantwortung offen zutage treten lassen.

Im Nachgang der Kontroverse um das Libyen-Mandat brachte Brasilien die *Responsibility while Protecting* (die Verantwortung beim Schützen) in die Debatte ein. Das brasilianische Konzept baut auf die R2P auf. Dabei wird die militärische Intervention als letztes Mittel einer internationalen Schutzverantwortung nicht negiert, diese soll aber, um Missbrauchsfälle zu verhindern, von Elementen einer *Responsibility while Protecting* flankiert werden. Dazu gehören unter anderem:

- die politische Unterordnung und chronologische Sequenzierung aller drei Pfeiler der R2P,
- eine umfassende Analyse potenzieller Konsequenzen eines militärischen Eingreifens im Vorfeld der Entscheidung,
- die Autorisierung durch den UN-Sicherheitsrat nach Kapitel VII der UN-Charta sowie „in außergewöhnlichen Umständen durch die Generalversammlung gemäß Resolution 377 (V)",
- eine rechtliche, operative und zeitliche Begrenzung des militärischen Einsatzes und eine Beschränkung auf die originäre Intention des Mandats sowie
- verbesserte Verfahren im UN-Sicherheitsrat zur Überwachung der Interpretation und Umsetzung der Mandate (vgl. Brenner 2012).

Statt dieses Konzeptpapier konstruktiv und jenseits der existierenden kontroversen Positionen um die R2P zu diskutieren, stieß es – insbesondere im Westen – auf weitgehende Skepsis mit der Folge, dass der brasilianische Vorschlag wieder weitgehend aus dem Fokus aktueller Debatten verschwand.

3 Zu diesem Band

Das Konzept der internationalen Schutzverantwortung ist – wie eingangs bereits erwähnt – sehr schnell zu einem Bestandteil politischer Praxis geworden. Dabei liegt die originäre Intention der R2P darin, den Fokus auf die Prävention zu richten. In politischen wie öffentlichen Debatten gerät diese Ausrichtung häufig aus dem Blick. Im Zentrum medialen Interesses stehen nach wie vor militärische Interventionen. Auch im kirchlichen und ökumenischen Raum stellt sich die Frage, inwieweit es im Rahmen der Schutzverantwortung möglich ist, Geist, Logik und Praxis des Krieges zu überwinden (vgl. u. a. Raiser 2015, S. 256).

In einem ersten Beitrag untersucht *Tobias Zeeb* Möglichkeiten, das völkerrechtliche Konzept der internationalen Schutzverantwortung für eine Ethik des gerechten Friedens nutzbar zu machen. Der Autor zeigt auf, dass eine theologisch-ethische Entfaltung des Bezugs von Verantwortung auf eine ihr entzogen bleibende Transzendenz das Konzept von Verantwortung im Bereich des politischen Handelns zu plausibilisieren und zu stützen vermag. Dies erfolgt in Anknüpfung an die Verantwortungsdiskurse bei Martin Luther, Dietrich Bonhoeffer, Emmanuel Levinas und Sofia Näsström.

Häufig wird bei der R2P von einer Norm im Entstehen gesprochen. Jedoch ist bis heute sowohl der völkerrechtliche Status der internationalen Schutzverantwortung als auch ihre Rechtskonformität umstritten. Vor diesem Hintergrund beleuchtet *Thomas Hoppe* in seinem Beitrag die rechtsethischen Grundlagen der R2P. Er hebt den vorrangig politischen Charakter des Konzepts hervor und geht sodann auf die Herausforderungen ein, die sich bei einer Umsetzung der Schutzverantwortung mittels militärischer Interventionen stellen. Diese Überlegungen führen den Autor zu dem Resultat, die *Responsibility to Protect* als Konkretisierung des Basisprinzips einer Ethik der internationalen Beziehungen anzusehen.

Markus Böckenförde wendet sich dezidiert der *Responsibility to Prevent*, der ersten Teilverantwortlichkeit der R2P, zu. Er verortet sie im Gesamtkonzept der *Responsibility to Protect* und reflektiert ihre theoretischen Annahmen und ihre Anwendung in der Praxis. Dabei untersucht der Autor, welche Bedeutung der *Responsibility to Prevent* zukommt und inwieweit sie über bereits implementierte präventive Maßnahmen und Programme der Vereinten Nationen hinausreicht.

Stefan Oeter widmet sich in seinem Beitrag der *Responsibility while Protecting*. Er verortet die Spezifika des brasilianischen Vorschlags vor dem Hintergrund der Entstehungsgeschichte der R2P und der normativen Debatten über die konkreten Gehalte der Schutzverantwortung. Dabei geht der Autor der Frage nach, welches Potenzial der *Responsibility while Protecting* zukommt und inwieweit der brasilianische Vorschlag – sowie davon ausgehend auch entsprechende Weiterentwicklungen dieses Konzeptes – geeignet sind, Missbräuche der R2P zu verhindern

Im Anschluss erörtert *Dan Krause*, inwieweit von der R2P die Gefahr einer Dominanz westlicher Normsetzung ausgeht. Am Beispiel der BRICS-Staaten (Brasilien, Russland, Indien, China und Südafrika) untersucht er die außerhalb des nordamerikanischen und europäischen Kontextes bestehenden Diskurse zur internationalen Schutzverantwortung. Diese Frage erweist sich als virulent: Zum einen ist „eine wirklich global akzeptierte Schutzverantwortung nicht ohne die Zustimmung und Mitwirkung der Länder des Globalen Südens denkbar"; zum anderen gehen mit der R2P und ihren Normen immer auch „grundlegende Fragen der internationalen Ordnung sowie deren Herstellung, Spielregeln und Machtstrukturen" einher.

In einer abschließenden Synthese führt *Thilo Marauhn* die Argumentationsstränge noch einmal zusammen. Dabei betont er den politischen Charakter des Konzepts der internationalen Schutzverantwortung, das zwar völkerrechtlich anschlussfähig sei, aber keine unmittelbaren Modifikationen geltender völkerrechtlicher Normen bewirke. In der politischen Praxis sei vor allem eine Konkretisierung nötig: nicht nur hinsichtlich der Differenzierung zwischen der Pflicht zur Prävention, zur Reaktion und zum Wiederaufbau, sondern auch bezüglich der Gewichtung dieser Elemente und ihrer Priorisierung.

Literatur

Brenner, Thorsten. 2012. Brasilien als Normunternehmer: die „Responsibility While Protecting". *Vereinte Nationen* (6): 251–256.

Daase, Christopher. 2013. Die Legalisierung der Legitimität – Zur Kritik der Schutzverantwortung als emerging norm. *Die Friedens-Warte „Internationale Schutzverantwortung – Normative Erwartungen und politische Praxis"* 88 (1-2): 41–62 (auch: https://www.sicherheitspolitik-blog.de/2013/09/04/die-legalisierung-der-legitimitaet/. Zugegriffen: 19. Dezember 2018).

Enns, Fernando. 2012. Ökumene und Frieden. Bewährungsfelder ökumenischer Theologie. Neukirchen-Vluyn: Neukirchener Verlagsgesellschaft.

Haedrich, Martina. 2012. Responsibility to Protect – eine neue Rechtsfigur des Völkerrechts? Kritische Reflexionen am Beispiel Libyens. In *Interventionen zum Schutz der Zivilbevölkerung? Herausforderungen und Dilemmata in Zeiten der Responsibility to Protect (RtoP). Beiträge zum Parlamentarischen Abend der Deutschen Stiftung Friedensforschung am 20. September 2011 in Berlin*, DSF-Arbeitspapier Nr. 8, hrsg. von der DSF, 26–33. Osnabrück: DSF.

Hoppe, Thomas und Peter Schlotter. 2017. Responsibility to Protect: Internationaler Menschenrechtsschutz und die Grenzen der Staatensouveränität. In *Handbuch Friedensethik*, hrsg. von Ines-Jacqueline Werkner und Klaus Ebeling, 689–701. Wiesbaden: Springer VS.

International Commission on Intervention and State Sovereignty (ICISS). 2001. *The Responsibility to Protect. Report of the International Commission on Intervention and State Sovereignty*. Ottawa: International Development Research Centre.

Justitia et Pax. 2015. *Die Schutzverantwortung der internationalen Gemeinschaft. Eine Erklärung zum Konzept der „Responsibility to Protect"*. Bonn: Justitia et Pax.

Kursawe, Janet. 2012. Der Mensch im Zentrum und als Maßstab internationaler Politik. Vom Schutz von Zivilisten bis zur staatlichen Schutzverantwortung. In *Jahresbericht 2012*, hrsg. von der Forschungsstätte der Evangelischen Studiengemeinschaft e. V., 33–42. Heidelberg: FEST.

Loges, Bastian. 2013. *Schutz als neue Norm in den internationalen Beziehungen. Der UN-Sicherheitsrat und die Etablierung der Responsibility to Protect*. Wiesbaden: Springer VS.

Ökumenischer Rat der Kirchen (ÖRK), Zentralausschuss. 1999. Ein Rahmenkonzept für die Dekade zur Überwindung von Gewalt. www.wcc-coe.org/wcc/dov/frame-g.html. Zugegriffen: 26. September 2015.

Ökumenischer Rat der Kirchen (ÖRK). 2006. Gefährdete Bevölkerungsgruppen: Erklärung zur Schutzpflicht. Porte Alegre: ÖRK. http://www.oikoumene.org/de/resources/documents/assembly/2006-porto-alegre/1-statements-documents-adopted/international-affairs/report-from-the-public-issues-committee/responsibility-to-protect?set_language=de. Zugegriffen: 26. September 2015.

Ökumenischer Rat der Kirchen (ÖRK), Zentralausschuss. 2011. *Botschaft der Internationalen ökumenischen Friedenskonvokation*. Genf: ÖRK.

Ökumenischer Rat der Kirchen, 10. Vollversammlung. 2013. *Erklärung über den Weg des gerechten Friedens*. Busan/Südkorea.

Raiser, Konrad. 2015. Vom Frieden her denken. Ökumenische Impulse zur friedensethischen Diskussion. *Evangelische Theologie* 75 (4): 246–258.

Staack, Michael und Dan Krause (Hrsg.). 2015. *Schutzverantwortung in der Debatte. Die „Responsibility to Protect" nach dem Libyen-Dissens*. Opladen: Barbara Budrich.

Weiss, Thomas G. 2006. R2P after 9/11 and the World Summit. *Wisconsin International Law Journal* 24 (3): 741–760.

Werkner, Ines-Jacqueline. 2016. Der gerechte Frieden als neues friedensethisches Leitbild. In *Frieden. Vom Wert der Koexistenz*, hrsg. von Clemens Sedmak, 25–41. Darmstadt: Wissenschaftliche Buchgesellschaft.

Werkner, Ines-Jacqueline. 2018. *Gerechter Frieden. Das fortwährende Dilemma militärischer Gewalt*. Bielefeld: transcript.

Werkner, Ines-Jacqueline und Dirk Rademacher. 2013. Menschen geschützt – gerechten Frieden verloren? Eine Einleitung. In *Menschen geschützt – gerechten Frieden verloren? Kontroversen um die internationale Schutzverantwortung in der christlichen Friedensethik*, hrsg. von Ines-Jacqueline Werkner und Dirk Rademacher, 1–20. Münster: LIT.

Wittig, Peter. 2008. Das Leiden der Anderen. Das Prinzip der Schutzverantwortung im Widerstreit internationaler Interessen. *Internationale Politik* (10): 96–99.

Souveränität als Verantwortung
Theologisch-ethische Annäherungen zur *Responsibility to Protect*

Tobias Zeeb

1 Einleitung

Seit den 1990er Jahren – insbesondere den Genoziden in Ruanda und Srebrenica – sieht sich die internationale Staatengemeinschaft in zunehmendem Maße herausgefordert, in innerstaatliche gewaltsame Konflikte einzugreifen, um schwerste Verbrechen gegen die jeweiligen Bevölkerungen zu verhindern oder zu beenden. In diesem Zusammengang steht auch die Entwicklung der internationalen Schutzverantwortung, der *Responsibility to Protect* (R2P), zu Beginn des neuen Jahrtausends. Sie begreift staatliche Souveränität als eine Verantwortung des Staates für seine Bürgerinnen und Bürger und gemahnt an die korrespondierende Verantwortung der internationalen Gemeinschaft zum Schutz von Menschen, deren Regierungen auf eklatante Weise gegen ihre Schutzverantwortung verstoßen. Seitdem begleitet eine breite politische, völkerrechtliche und philosophische Diskussion die Ausgestaltung, völkerrechtliche Fixierung und Anwendung des Konzepts – oftmals in kritischer Weise. Nicht zuletzt haben auch kirchliche Akteure wie die Evangelische Kirche in Deutschland (EKD) und der Ökumenische Rat

---

© Springer Fachmedien Wiesbaden GmbH, ein Teil von Springer Nature 2019
I.-J. Werkner und T. Marauhn (Hrsg.), *Die internationale Schutzverantwortung im Lichte des gerechten Friedens*, Gerechter Frieden,
https://doi.org/10.1007/978-3-658-25538-1_2

der Kirchen (ÖRK) sich mit der R2P auseinandergesetzt (vgl. EKD 2007, Ziff. 110ff; ÖRK 2006; Werkner und Rademacher 2013).

Die folgenden Überlegungen nehmen die *Responsibility to Protect* aus einer Perspektive in den Blick, die sie als ethisches und weniger als (völker-)rechtliches Konzept auffasst (vgl. Hankel 2017, S. 4f.; Junk und Kroll 2017, S. 269ff.). Es soll gezeigt werden, dass eine theologisch-ethische Entfaltung des Bezugs von Verantwortung auf eine ihr entzogen bleibende Transzendenz das Konzept der R2P als ethisches Konzept von Verantwortung im Bereich des politischen Handelns zu plausibilisieren und zu stützen vermag.

Um sich dem Gegenstand zu nähern, erfolgt zunächst ein Blick auf den Begriff der Souveränität, um von dort aus deren Bestimmung als Verantwortung herauszuarbeiten. Im Anschluss wird das Konzept der Schutzverantwortung, wie es die *International Commission on Intervention and State Sovereignty* (ICISS) entwickelt, näher beleuchtet. In einem weiteren Schritt wendet sich der Beitrag Anknüpfungspunkten des Konzepts an ein theologisch-ethisches Verständnis von politischer Verantwortung zu, die im Gespräch mit Martin Luther und Dietrich Bonhoeffer sowie Emmanuel Levinas und Sofia Näsström entwickelt und abschließend auf das Leitbild des gerechten Friedens bezogen werden. Die genannten Autorinnen und Autoren werden hier nicht nur herangezogen, weil sie jeweils das Politische prägnant von der Verantwortung für die Anderen her bestimmen, sie weisen vielmehr auf die religiösen Wurzeln auch politischer Verantwortung hin. Gerade in ihrem Zusammenspiel können verschiedene Aspekte verdeutlicht werden: Mit Luther kann die Aufgabe des Staates als Verantwortung für den Schutz der Mitmenschen bestimmt werden. Die damit verbundene Einsicht in die göttliche Beauftragung zur Verantwortung vertieft Bonhoeffer christologisch. Levinas beschreibt den Verweisungszusammenhang von Verantwortung als konstitutiv rückgebunden an den ihr entzogenen Grund und erblickt darin den Ernst der

Verantwortung. Näsström schließlich entwickelt mittels dieser Dimension der Entzogenheit des Grundes eine Staatstheorie von der Verantwortung her.

2 Zur Konzeptionalisierung der *Responsibility to Protect*

2.1 Zum Begriff der Souveränität

Souveränität wurde in der frühen Neuzeit von Jean Bodin in prägender Weise bestimmt als „absolute und dauernde Gewalt eines Staates" (Bodin 2011 [1583], S. 19). Der Inhaber der Souveränität verfügt ohne Zustimmung eines anderen über die Befugnis zur Gesetzgebung, Krieg zu erklären und Frieden zu schließen (vgl. Quaritsch 1995, Sp. 1104f.). Souveränität erstreckt sich somit nach außen und nach innen. Gleichzeitig jedoch weist schon Bodin auf die Grenze hin, die die Souveränität in den *„lois de Dieu et de nature"* (Gesetzen Gottes und der Natur, Übers. d. Verf.) und den „fundamentalen Verfassungsgesetze[n] des Staates" (Quaritsch 1995, Sp. 1104) findet.

Ihr abgeleiteter Charakter tritt deutlich hervor, wenn Thomas Hobbes (2014 [1651], S. 155; vgl. auch Vogelmann 2017, S. 28, Anm. 34) Souveränität als mit dem Gesellschaftsvertrag an einen bestimmten Souverän delegiert bestimmt oder Jean-Jacques Rousseau (2015 [1762], Buch I, Kap. 7) sie als Volkssouveränität denkt. Souveränität ist nie reiner Selbstzweck. Sie ist stets auf eine ihr vorgeordnete, sie bedingende Größe – die Menschen – bezogen.

Das moderne Völkerrecht sieht den „Staat als Subjekt der völkerrechtlichen Rechte und Pflichten" (Quaritsch 1995, Sp. 1108) an. Das Moment der Bindung an das Völkerrecht beruht dabei „auf eigenstaatlicher Entscheidung" und dem „Einmischungsverbot" (Quaritsch 1995, Sp. 1108; UN 1945, Art. 2 Abs. 7), wie es in der UN-Charta festgehalten ist. Souveränität zeigt sich so als begrenzte, und an den Zweck der dauerhaften Stiftung einer Ordnung und des Schutzes der Menschen gebundene Machtfülle (vgl. Luck 2013, S. 138), wie sie sich etwa aus der Betrachtung der klassischen Vertragstheorien herleitet.

2.2 Souveränität als Verantwortung

Francis Deng und Kollegen (1996) machen die Bestimmung – oder: „Klarstellung" (Luck 2013, S. 140) – von Souveränität als Verantwortung in ihrem, dem ICISS-Bericht vorausgehenden Werk *Sovereignty as Responsibility* zum Kerngedanken. Sie nehmen so die Linie einer begrenzten und an die Menschen rückgebundenen Souveränität auf und versuchen, diese mit dem Terminus der Verantwortung inhaltlich zu fassen. Die Studie nennt vier charakteristische Konsequenzen einer Bestimmung von Souveränität als Verantwortung (vgl. Deng et al. 1996, S. 32f.):

1. Souveränität schließt bestimmte Verantwortlichkeiten gegenüber der Bevölkerung – namentlich: „at a minimum [...] basic health services, food, shelter, physical security, and other essentials" – ein, von deren Erfüllung ihre Legitimität abhängt.
2. In von schwersten inneren Konflikten heimgesuchten Ländern kann die staatliche Souveränität infrage gestellt und anhand nachvollziehbarer Kriterien neu bewertet werden.
3. Die an Verantwortung gebundene Souveränität verweist auf eine übergeordnete Autorität, die in der Lage sein soll, die jeweils Souveränität Innehabenden an ihre damit verbundene Verantwortung zu gemahnen („holding the supposed sovereign

accountable") Diese Autorität kann von regionaler oder auch globaler Art sein.
4. Die staatliche Autorität trägt Verantwortung auch über ihr eigenes Gebiet hinaus und ist auf das Wohl der internationalen Gemeinschaft verpflichtet.

Die Legitimität der Ausübung von staatlicher Souveränität bemisst sich daher an der Kapazität des Staates „to assist and protect persons residing in their territories" (Deng et al. 1996, S. 9). Werden die Regierenden ihrer mit der Souveränität verbundenen Verantwortung nicht gerecht, so laufen sie Gefahr, dieser verlustig zu gehen (vgl. Deng et al. 1996, S. xvi, 33). Es greift dann eine „correlative responsibility for their [i. e. der Menschenrechte, Anm. d. Verf.] enforcement" (Deng et al. 1996, S. 6) der internationalen Gemeinschaft.

Der abgeleitete Status der Souveränität bestimmt sich demgemäß von der Würde und den daraus folgenden Rechten der Menschen her (vgl. Deng et al. 1996, S. 19). Da sie derart von einem überstaatlichen Prinzip abhängt, ist sie nicht länger auf den Staat zu beschränken. So kann im Anschluss an den früheren UN-Generalsekretär Boutros Boutros-Ghali auch von einer „universal sovereignty that resides in all humanity" gesprochen werden. Die Weltgemeinschaft habe dergestalt „[a] legitimate involvement in issues affecting the world as a whole" (Boutros-Ghali 1992, S. 99). Für den afrikanischen Kontext, vor dessen Hintergrund diese Studie ihre Gedanken entfaltet, formulierte Salim Ahmed Salim: „every African is his brother's keeper" (zit. nach Deng et al. 1996, S. 15) und vertritt damit ein auf (traditionellen afrikanischen Formen der) Solidarität fußendes Verständnis von Souveränität.

Souveränität wird hier als Aufgabenverantwortung in Abgrenzung zu einer Zurechnungsverantwortung bestimmt (vgl. Junk und Kroll 2017, S. 269). Erstere bezieht sich auf zukünftig zu erfüllende Aufgaben, bleibt also zunächst offen für verschiedene Träger. Letztere beschreibt die Zurechnung von bereits begangenen Handlungen zu bestimmten Personen. Der Souveränität als Aufgabenverantwortung korrespondiere – so Frieder Vogelmann (2017, S. 26) – ein „Defizit an Zurechnungsverantwortung […]", das wiederum „eine Voraussetzung dafür [sei, Anm. d. Verf.], Souveränität als Aufgabe und nicht als Eingriff zu konstruieren". Die Bestimmung von Souveränität als Aufgabe kann schon bei Bodin anknüpfen, der eine der Souveränität uneinholbar vorausliegende normative Dimension beschreibt. Diese wird hier als Verantwortung für den grundlegenden Schutz von Menschen gefasst. In diesem Sinne weist auch Vogelmann im Anschluss an Benjamin Constant, Max Weber und Karl Jaspers auf die zweifache Funktion der Verantwortung „zur Einschränkung wie Konstitution politischer Handlungsfähigkeit" hin.

2.3 Das Konzept der Schutzverantwortung als ein Verantwortungskonzept

Im Jahr 2001 legte die ICISS ihren Bericht „The Responsibility to Protect" vor, der als entscheidendes Dokument für die Konzeptionalisierung der internationalen Schutzverantwortung gelten darf.[1] Im Folgenden soll das Konzept der R2P dezidiert als *Verantwortungskonzept* betrachtet (vgl. Vogelmann 2017) und auf den in ihm vertretenen Verantwortungsbegriff hin befragt werden.

Dessen Struktur bestimmt sich von der Grundeinsicht des ICISS-Berichts her als doppelte Aufgabenverantwortung: Nach

---

1 Vgl. hierzu einführend Hoppe und Schlotter (2017), Junk und Kroll (2017, S. 270ff.), Werkner (2018, S. 71ff.) und Werkner und Rademacher (2013).

innen gilt es, die grundlegenden Rechte und die Würde der Staatsbürger und -bürgerinnen zu schützen: „[S]overeign states have a responsibility to protect their own citizens from avoidable catastrophe – from mass murder and rape, from starvation" (ICISS 2001, S. VIII). Verantwortung ist hier bestimmt als Verantwortung der Regierenden für die Regierten im Hinblick auf den elementaren Schutz von deren Menschenrechten.

Nach außen besteht die Verantwortung des Staates zunächst darin, die Souveränität anderer Staaten zu achten (vgl. ICISS 2001, S. 8). Verantwortung bestimmt dabei aber die Reichweite von Souveränität und nicht umgekehrt die Souveränität die Reichweite von Verantwortung. In diesem Sinne kann von einer „konditional gebunden[en]" Souveränität gesprochen werden (Vogelmann 2017, S. 27).

Die an die internationale Gemeinschaft zu übertragende Verantwortung entspricht derjenigen, die der betreffende Staat eigentlich selbst nach innen wahrnehmen sollte. Sie stellt sich als dreigliedrige dar: als *Responsibility to Prevent, Responsibiliy to React* und *Responsibility to Rebuild*. Dabei seien zunächst alle Möglichkeiten der Prävention – und nicht zu vergessen auch der nicht-militärischen Reaktion – auszuschöpfen, bevor es zu einem militärischen Eingreifen kommen dürfe (vgl. ICISS 2001, S. 19).

Es wird so ein Subjektwechsel der mit der Souveränität verbunden Verantwortungsaufgabe möglich, wenn ein Staat nichts willens oder in der Lage ist, seiner Verantwortung nachzukommen (vgl. ICISS 2001, S. 17). An die Position des Staates rückt die internationale Gemeinschaft. Diese Subsidiarität (vgl. dazu Hoppe 2014, S. 41) ruht auf einer Permanenz der Verantwortung, die sich in ihrem Charakter als Aufgaben- und nicht als Zuschreibungsverantwortung ausdrückt (vgl. Junk und Kroll 2017, S. 269). Diese Permanenz wiederum lässt sich nur von einem Perspektivwechsel in der Ethik, die nicht mehr vom ethischen Subjekt, sondern von der Aufgabe her denkt, näher fassen: „Nicht das Subjekt setzt die Aufgabe, sondern die Aufgabe konstituiert das Subjekt" (Picht 1969, S. 337).

Konkret begründet sich die Permanenz einer Verantwortung, die niemandem mehr verbindlich zuzuschreiben ist, von der Universalität der Menschenwürde und der Menschenrechte her. Als „vorgesetzliche lebensweltliche Erfahrung" von „Ansprüchen und Appellen" (Hirsch 2017, S. 824) bestehen diese gerade auch dann fort, wenn auf eklatante Weise gegen sie verstoßen wird. Die Permanenz von Verantwortung kann daher auch als Überschuss über das aktuell Gegebene bestimmt werden, was als Kennzeichen von Transzendenz aufgefasst werden kann (vgl. Danz 2005, Sp. 553). Obwohl niemand die Verantwortung zum Schutz einer Gruppe von Menschen übernimmt, diffundiert sie nicht, sondern bleibt – als *Anspruch* – bestehen. Dies lässt sich mit der Bestimmung der Struktur von Verantwortung plausibilisieren, die von einem konstitutiven Transzendenzbezug geprägt ist, wie er insbesondere von Levinas aus zu entwickeln ist.

3 Politische Ethik als Verantwortungsethik: Ermöglichung und Begrenzung staatlicher Souveränität

Aus dem Blickwinkel theologischer Ethik setzt die Betrachtung staatlicher Souveränität als Verantwortung bei Luther und Bonhoeffer an. Ihre Ansätze bestimmen das Politische als Strukturen von Verantwortung, die in besonderer Weise religiös begründet werden und erlauben es so, die R2P-Konzeption im Horizont einer protestantischen politischen Ethik zu verorten und ethisch-theologisch zu profilieren. Daran schließt sich die religionsphänomenologische Vertiefung der so beschriebenen Strukturen an, die

Levinas in prominenter Weise aufzeigt. Abschließend findet sich bei Näsström eine staatstheoretische Anwendung der Gedanken von Levinas.

3.1 Martin Luther: Die doppelte Begrenzung souveräner Herrschaft durch Verantwortung

Martin Luther (1483-1546) setzt sich in seiner Schrift „Von der weltlichen Obrigkeit: Wie weit man ihr Gehorsam schuldet" von 1523 mit einem christlichen Staatsverständnis auseinander. Seine unter dem Terminus der Zwei-Reiche- oder Regimenten-Lehre bekannte Position (vgl. Herms 2010, S. 425ff.; Mantey 2014; Schwarz 2014, S. 155ff.)[2] geht von zwei Regierweisen Gottes – einer weltlichen und einer geistlichen – aus. Die überwiegende Mehrheit der Menschen unterstehe als Nichtchristinnen und -christen dem weltlichen Regiment, dessen Aufgabe darin bestehe, auf die „Strafe der Bösen" und den „Schutz der Guten" hinzuwirken (Luther 2016 [1523], S. 227). Für Christenmenschen untereinander gelte dagegen das geistliche Regiment, „das gerecht macht" (Luther 2016 [1523], S. 233). Da aber auch sie innerhalb des Staatswesens leben, haben sie nach Römer 13 sich dessen Macht zu unterwerfen (vgl. Luther 2016 [1523], S. 261) und – so Luther (2016 [1523], S. 251) – in ihm auch Ämter und Funktionen wahrzunehmen. Christinnen und Christen handeln im weltlichen Regiment aber „nicht für sich selbst, sondern für [...] [den, Anm. d. Verf.] Nächsten", um damit zu tun, was sie „selbst nicht brauch[en], was aber für den Nächsten nützlich und notwendig ist" (Luther 2016 [1523], S. 237). Die

---

2 Für die unheilvolle Wirkungsgeschichte dieser Konzeption, insbesondere des zwanzigsten Jahrhunderts, die nicht unerwähnt bleiben soll, auch wenn auf sie nicht weiter eingegangen werden kann, vgl. stellvertretend Anselm (2004).

dabei anzuwendenden Normen sind situativ zu bestimmen. Ihre Normativität folgt aus der Nützlichkeit für den Nächsten.

Staatliche Ämter und Funktionen beziehen ihre Legitimität von dem göttlichen Auftrag her, die Ordnung aufrechtzuerhalten, namentlich Menschen zu schützen und Unrecht zu ahnden. Das Engagement für das politische und gesellschaftliche Gemeinwesen ist so bis zur höchsten Ebene als Dienst zu verstehen. Für den Fürsten heißt dies: „Ich gehöre dem Land und den Leuten, ich muss handeln, wie es für sie nützlich und gut ist […], dass sie in gutem Frieden beschützt und verteidigt werden" (Luther 2016 [1523], S. 275). Das Augenmerk liegt dabei auf den „Untertanen, denen […][er, Anm. d. Verf.] Schutz und Hilfe schuldig […]ist" (Luther 2016 [1523], S. 283). Demzufolge ist die Souveränität des Fürsten von zwei Seiten begrenzt: zum einen von Gott her, in dessen Auftrag er die öffentliche Ordnung zum Schutz seiner Mitmenschen durchsetzt; zum anderen durch das stets prekäre Wohl seiner Mitmenschen selbst, das den Gegenstand seiner Aufgabe bildet. Souveränität bedeutet also eine doppelte Verantwortung: die Verantwortung *vor* Gott und *für* die Mitmenschen. Diese auf den Staat beziehungsweise den Fürsten bezogene Argumentation lässt sich ebenso auf den Schutz und Erhalt einer internationalen Ordnung, die der prinzipiellen Universalität des göttlichen Ordnungsauftrags entspricht, beziehen.

3.2 Dietrich Bonhoeffer: Die Struktur des verantwortlichen Lebens

Dietrich Bonhoeffer (1906-1945) entfaltet die bei Luther beschriebene Sorge um die Mitmenschen als „Struktur des verantwortlichen Lebens". Er begreift Verantwortung als „Bindung des Lebens an Mensch und Gott" (Bonhoeffer 1981 [1949], S. 238). Der Verantwortung steht eine Freiheit gegenüber, die durch das Element der Bindung ermöglicht wird. Diese Verantwortung bereitet Bonhoeffer in Gestalt der „Stellvertretung", der „Wirklichkeitsgemäßheit", der „Selbstprüfung" und des „Wagnisses" auf (Bonhoeffer 1981 [1949], S. 238). Die Dimension der Stellvertretung geht dabei „am deutlichsten aus jenen Verhältnissen hervor, in denen der Mensch unmittelbar genötigt ist, an der Stelle anderer Menschen zu handeln, also etwa als Vater, als Staatsmann, als Lehrmeister" (Bonhoeffer 1981 [1949], S. 238).

Der Ursprung der Verantwortung ist hier christologisch bestimmt (Bonhoeffer 1981 [1949], S. 239). Von dort her erhält sie ihren Charakter als Stellvertretung. Diese ist – analog zur Verantwortung – doppelt rückgebunden: Zunächst ist sie stellvertretendes Handeln in der Nachfolge Christi. Doch als solche verwirklicht sie sich auch im Bereich des Politischen als staatsmännische Stellvertretung für andere Menschen (vgl. Bonhoeffer 1981 [1949], S. 238f.).

Die Betrachtung des Staates führt für Bonhoeffer (1981 [1949], S. 253) zu der Erkenntnis, dass „das Wesensgesetz des Staates [...] zuletzt über alles gesetzlich Faßbare hinausreicht." In diesem Umstand erblickt er den Kern verantwortlichen Handelns. Denn hier prallt die Erkenntnis und Befolgung der Gesetze zusammen „mit den nackten Lebensnotwendigkeiten von Menschen" und stellt die verantwortlich Handelnden in die „außerordentliche Situation letzter Notwendigkeiten". Dies zu leugnen bedeutete für Bonhoeffer (1981 [1949], S. 253) nicht weniger als den „Verzicht auf wirklichkeitsgemäßes Handeln". Daraus folgt aber auch, dass der Krieg als *ultima ratio* aufgrund seines Charakters als Ausnahme nicht „wieder zu einem rationalen Gesetz gemacht" werden darf (Bonhoeffer 1981 [1949], S. 253f.). Es wird hier die politische Relevanz einer Ethik deutlich, die sich nicht auf positives Recht reduzieren lässt, sondern diesem kritisch-reflexiv, korrigierend und immer wieder aufs Neue humanisierend gegenübersteht. Dies impliziert dann allerdings im Umkehrschluss, dass verantwortliches Handeln nicht mit gesetzlichen Mitteln zu erzwingen ist (vgl. Bonhoeffer 1981 [1949], S. 254).

Bonhoeffer stellt die Verantwortung bewusst in den Horizont des Politischen und fasst sie als „die ganze, der Wirklichkeit angemessene Antwort des Menschen auf den Anspruch Gottes und der Nächsten" (Bonhoeffer 1981 [1949], S. 260; vgl. auch Huber 1990, S. 144). Er bestimmt – wie auch schon Luther – das zu Tuende („das Notwendige") von der Situation der Handelnden und derjenigen, zu deren Gunsten gehandelt wird, her. Bei beiden Autoren ist staatliche Machtausübung ein göttlicher Auftrag, der als Beruf beziehungsweise Mandat wahrgenommen wird (vgl. Bonhoeffer 1981 [1949], S. 220ff.). Politisches Handeln geschieht für Luther wie für Bonhoeffer als Verantwortung *für* die Anderen beziehungsweise Nächsten und als Verantwortung *vor* Gott im Hinblick auf die Erhaltung staatlicher Ordnung zum Schutz der Mitmenschen. Dabei betont Bonhoeffer stärker als Luther die *normenkritische Funktion* von Verantwortung, indem er sie nicht nur als göttliches Mandat fasst, das autonom auszuüben wäre, sondern sie explizit als Christusnachfolge bestimmt und ihr so eine genuine Spur des Transzendenten einzeichnet. Er verortet damit nicht nur die Instanz der Verantwortung, Gott, in der Transzendenz, sondern denkt auch den Vollzug der Verantwortung als transzendenzbestimmt. Diesen Aspekt gilt es, mit Levinas religionsphänomenologisch genauer zu fassen.

3.3 Emmanuel Levinas: Die religionsphänomenologische Bestimmung der Verantwortung für die Anderen

Ein näherer Blick auf das Verantwortungsverständnis von Emmanuel Levinas (1906-1995) (vgl. hierzu auch Stegmaier 2013; Casper 2009; Waldenfels 1995) und seine religionsphänomenologische Beschreibung der Transzendenz vermag die beschriebenen Ansätze nicht nur zu vertiefen, sondern auch deren weiterführende Potenziale über die Theologie hinaus zur Geltung zu bringen.

Transzendenz soll dabei als ein „relationaler Begriff" (Zwenger 2003, S. 651) verstanden werden, der das „‚Mehr' der Transzendenz als Bedeutungsüberschuß […] versteht". Transzendenz zeichnet sich durch eine „konstitutive Unbestimmtheit" aus, „die bei jeder Bedeutungssetzung auftritt" (Danz 2005, Sp. 552f.) und verhindert, dass sich ein System zur Totalität schließt. Dies gilt auch für die Zuschreibung von Verantwortung. Dabei wird zwischen einer, „immanente[n]" (Danz 2005, Sp. 552) oder horizontalen und einer vertikalen Transzendenz unterschieden. Erstere soll die Entzogenheit des anderen Menschen beschreiben, letztere die Transzendenz Gottes (vgl. Menga 2017). Dieses „Mehr" wird von Levinas als „Spur" bestimmt, die in der Begegnung mit dem Anderen – horizontale Transzendenz – über diese und diesen hinausweist und die Deutungsmöglichkeit auf eine auch religiös zu fassende – vertikale – Transzendenz hin eröffnet (vgl. Levinas 2004, S. 41). Ausgangspunkt für diese Sinnbestimmung der Spur bildet jedoch die zur Verantwortung rufende, oder besser: die die Verantwortung aufdeckende Begegnung mit dem Anderen.

In der Rede von der Begegnung mit dem Anderen bringt Levinas zur Geltung, dass Verantwortung nichts ist, über das das Subjekt selbst verfügen kann. Das Subjekt kann sich nicht für oder gegen Verantwortung entscheiden; es findet sich in der Begegnung mit dem Anderen schon als verantwortliches vor. Die Vorfindlichkeit der Verantwortung zeigt eine Umkehr in der Ethik an, wie sie von Georg Picht (1969, S. 337) als Priorität der Aufgabe vor dem Subjekt beschrieben wurde.

Diese Priorität ergibt sich im Levinas'schen Denken aus dem Phänomen, dass sich der Andere immer schon dem Zugriff des Subjekts entzogen hat. *Erstens* entzieht sich der Andere – horizontal transzendent – radikal. Er fordert das Subjekt so zur Verantwortung auf, indem er einen Anspruch auf das Handeln des Subjekts erhebt. Dieser Anspruch wird durch den entzogenen Zugriff des Subjekts auf den Anderen generiert und zeichnet sich bei Levinas durch eine besondere *Zeitlichkeit*, die „Dia-chronie", aus. Das heißt: Diese Zeitlichkeit beinhaltet eine Verspätung des Subjekts gegenüber dem Anspruch, der immer schon als uneinholbar früher wahrgenommen wird. Dies macht hier die Dringlichkeit und den Ernst der Verantwortung aus.

Zweitens beinhaltet der Entzug eine Beziehung zur vertikalen Transzendenz. Diese drückt die Erkenntnis aus, den eigenen Anfang nicht gesetzt zu haben und über die Grundausrichtung des eigenen Lebens nicht frei verfügen zu können. Theologisch formuliert führt die Transzendenz dem Subjekt die eigene Geschöpflichkeit vor Augen. Diese versteht Levinas als die Einsetzung des Subjekts (1) in die Verantwortung für den Anderen (vgl. Levinas 1974, S. 125ff.) und (2) in die Freiheit, zu seinen Gunsten zu handeln (vgl. Lévinas 2008a, S. 73; 2008b, S. 116ff.). Damit wird die Not des Anderen für das Subjekt zum Auftrag, sein Leben zu schützen.

Auf diese Weise lässt sich mit Levinas die in den Ansätzen von Luther und Bonhoeffer für die Beschreibung politischen Handelns vorausgesetzte Bedeutung von Verantwortung als eine grundlegende Struktur des Subjektiven begreifen, in die sich die Spur der Transzendenz einschreibt. Diese Transzendenz weist eine horizontale wie vertikale Dimension auf, die sich in der Begegnung mit dem Anderen verschränken (vgl. Menga 2017, S. 69; Stoellger 2010, S. 343):

> Die „ethische Verantwortung für den Anderen bildet [dabei, Anm. d. Verf.] die konkrete Bedeutsamkeit" einer „radikalen Verstehbarkeit [intelligibilité] der Transzendenz" (Ciaramelli 1989, S. 205f., Übers. d. Verf.).

Dabei fungiert gerade der „theologische Aspekt" als „verstärkend", als „treibende Kraft" der „Aufforderung zur Verantwortung" (Menga 2017, S. 69), die sich als zeitlicher Entzug konkretisiert. Mit Levinas können aber nicht nur die Ansätze Luthers und Bonhoeffers religionsphänomenologisch vertieft werden. Es kann diese Struktur auch auf eine Art und Weise kommuniziert werden, die sich so nur aus der Sicht christlicher Ethik formulieren hat lassen, zugleich aber auch über deren Grenzen hinaus als Gesprächsbeitrag eingebracht werden kann.

3.4 Sofia Näsröm: Der Staat als Beschränkung von Verantwortung

Sofia Näsröm (geb. 1969) entwickelt eine auf dem Levinas'schen Verantwortungsverständnis fußende Staatstheorie, die allerdings die Dimension des Dritten außen vor lässt. Sie geht von der gegen Hobbes gerichteten Frage Levinas' aus, ob denn der Staat nicht eher einer Notwendigkeit zur Begrenzung der Verantwortung aller für alle entspringe als einer Notwendigkeit zur Einhegung der Gewalt aller gegen alle (vgl. Lévinas 2008, S. 61f.; 2011, S. 347f.; Näsröm 2004, S. 1). Zugunsten der zweiten Option entfaltet sie das Modell eines *an-archischen* Staates. Diesem bleibt die Grundlage seiner Legitimität, nämlich die unendliche Verantwortung aller für alle, die es zu begrenzen gilt, dauerhaft entzogen. Innerhalb des Staates ereignet die Verantwortung sich immer wieder neu als „the everyday encounter with the other" (Näsström 2004, S. 3.185), die die Legitimität des Staates von der Verantwortung für den Anderen her infrage stellt. Der Staat wird hier als Befreiung des Subjekts von der Unterordnung unter den Anderen gedacht, die sich in der Verantwortung für ihn ausdrückt (vgl. Näsström 2004, S. 183). Allerdings wird diese Unterordnung und die unendliche Verantwortung nicht einfach annulliert. Sie wirkt sich weiterhin in den Staat hinein aus. Da dem Staat aber die Verantwortung entzogen ist – eben weil sie in der immer unverfügbaren Begegnung mit dem Anderen geschieht –, bleibt der Staat auf die wiederkehrende Infragestellung *und* Wiedergewinnung seiner eigenen Legitimität durch die Beschränkung und Regulierung von Verantwortung angewiesen.

In diesem Modell des Staates wird Verantwortung zu einer orientierenden Größe: Zum einen richtet sie die Einzelnen auf die jeweils Anderen hin aus; zum anderen stellt sie den Staat von der Begegnung mit den Anderen her stets aufs Neue infrage. Auch Letzteres gibt Orientierung, ermöglicht es eine Revision von Gewissheiten. So wird ein Blick eröffnet, der frühzeitiges präventives Handeln dringlich macht. Für Levinas (2008a, S. 90f.) heißt dies, den Anderen „nicht alleine zu lassen, und wäre es angesichts des Unerbittlichen". Auf diese Weise wird die Aufmerksamkeit der Handelnden derart geschult, wie es auch Edward Luck (2013, S. 144f.) an Fallbeispielen präventiver ziviler Maßnahmen illustriert.

In Näsströms Konzept wird Transzendenz – auch wenn sie selbst nur am Rande darauf eingeht – auf mehrfache Weise zu einem konstitutiven Kennzeichen von Verantwortung. Zunächst bleibt die unendliche Verantwortung im Staat als deren Einhegung transzendent. Sodann wirkt aber ihre *vor-gesellschaftliche*, an-archische Kraft in den Staat hinein. Er legitimiert sich auf diese Weise immer wieder aufs Neue, indem er die Verantwortung bestimmt und so beschränkt. Gerade Levinas' Verständnis von Verantwortung als Transzendenz weist auf die orientierende Funktion der Verantwortung hin. Theologische Ethik kann genau diesen *religiösen* Sinn von Verantwortung bezeugen, ohne ihn christlicherseits vollständig zu vereinnahmen. Dies soll in einigen abschließenden Überlegungen auch im Blick auf den gerechten Frieden kurz skizzenhaft dargestellt werden.

4 Ausblick: Die *Responsibility to Protect* und das Leitbild des gerechten Friedens

Im Blick auf die Bestimmung von Souveränität als Verantwortung kann die theologische Ethik einen weiterführenden Gesprächsbeitrag zur Begründung und Stärkung von internationaler Schutzverantwortung leisten, indem sie auf die konstitutive Bedeutung der Transzendenz für die Verantwortung – mit Levinas auf das „Woher der Ethik" (Stoellger 2010, S. 344) – hinweist. Dies geschieht im Zuge der religionsphänomenologischen Betrachtung von Verantwortung weder rein theologisch-spekulativ noch dogmatisch-abstrakt, sondern wird als konkret erfahrbar gedacht (vgl. Menga 2017, S. 56f.). Über die Verantwortungsstruktur als einer zeitlichen kann auf die Dringlichkeit eines Handelns zum Schutz von Menschen aufmerksam gemacht werden. Diese Dringlichkeit erscheint hier als doppelte Begrenzung: in ihrer Rückbindung an den Nächsten einerseits und Gott beziehungsweise Christus andererseits. Beide bringen den Ernst der Verantwortung zum Ausdruck.

Wird Verantwortung im Sinne Bonhoeffers oder Levinas' als Handeln zugunsten anderer gefasst, so liegt in ihrer Voranstellung eine enorme pazifizierende Kraft. Sie ermöglicht eine andere Art und Weise, in der Menschen sich begegnen und einander gegenübertreten: Es findet eine Verschiebung von einem Antagonismus zu einer Form der Beziehung statt, die dem Anderen und seinem unverlierbaren Lebens- und Menschenrecht unbedingte Priorität, auch vor der Durchsetzung eigener Interessen, einräumt. Um die Menschenrechte der Anderen effektiv schützen zu können, ist es unabdingbar, auf die Gefährdungen der Anderen aufmerksam zu werden. Dies ereignet sich als verantwortungsfordernder Anspruch.

Die oben beschriebene Verknüpfung von Verantwortung generierendem Anspruch durch die Anderen mit einer Dimension des Unverfügbaren kann freilich auch ohne persönlichen Nachvollzug christlicher Existenzgewissheit plausibel gemacht werden (vgl. Menga 2018). Damit soll aber keineswegs die Ansicht vertreten werden, das spezifisch Theologische der Begründung habe lediglich illustrativen Charakter. Denn es ist zwar nicht eine bestimmte materiale Position notwendig, um auf die Transzendenzdimension von Verantwortung hinzuweisen. Es ist aber auch nicht möglich, diesem Anspruch auf eine rein formal-abstrakte Weise, etwa durch seine objektivierende rechtliche Fixierung, gerecht zu werden. Es ist vielmehr unumgänglich, sich der Positionalität jeden Denkens und Handelns bewusst zu werden. Denn kein Denken kann anders als in einer geschichtlich-kontingenten Position Gestalt werden. Diese Einsicht in die Positionalität überhaupt[3] erlaubt es, das jeder Ordnung überschüssige Moment der Transzendenz, das die Verbindlichkeit der Verantwortung zur Geltung bringt, aufzuspüren und auf dieses aufmerksam zu machen. Gerade in dieser Konstellation ist die Möglichkeit einer Verständigung über diesen Vorschlag angelegt, der aus theologischer Perspektive formuliert ist, aber auf Kommunikabilität zielt.

Wenn sich in der Fokussierung der R2P auf den vorrangigen Schutz grundlegender Menschenrechte nicht weniger ausdrückt

---

3 Der Terminus nimmt das Programm eines „Pluralismus aus Prinzip", wie es von Eilert Herms (1995) vertreten wird, auf.

als „die legitimatorische Grundstruktur dessen, was eine Ethik der internationalen Beziehungen zu tragen vermag" (Hoppe 2014, S. 42), dann ist auch von Luthers, Bonhoeffers, Levinas' und Näsströms Verständnis politischen Handelns von der Verantwortung her diese Interpretation der R2P zu stützen. Die internationale Schutzverantwortung wäre dann nicht lediglich ein spezialisiertes Konzept, sondern mit Thomas Hoppe ein „Grundprinzip einer Ethik der internationalen Beziehungen" oder im Sinne der besprochenen Autoren und der Autorin gar ein Grundprinzip politischen Handelns überhaupt, das nicht nur im schon eingetretenen Krisenfall, sondern gerade davor und zu dessen Verhinderung, jeder und jedem politischen Handelnden unvertretbar aufgegeben ist.

Prävention wird – da sie stets im Verzug zu sein scheint – zu einem zu bevorzugenden, voll auszuschöpfenden und hauptsächlichen Anwendungsgebiet eines so verstandenen politischen Handelns im Raume internationaler Beziehungen (vgl. Hoppe und Schlotter 2017). Gleichzeitig darf keine Art und Weise der Nothilfe, des Schutzes und der Reaktion aus Prinzip ausgeschlossen werden (vgl. Hoppe 2014, S. 51), will man die dem politischen Handeln zugrunde gelegte Bestimmung der Verantwortung nicht ad absurdum führen und dem Zynismus anheim geben.

Nicht zuletzt lässt sich mit dem Levinas'schen Zusammenhang von Frieden und Verantwortung (vgl. Levinas 2007; Delhom und Hirsch 2007) auf die friedensfördernde und -erhaltende Wirkung der Verantwortung hinweisen. Mit der Bestimmung von Souveränität als Verantwortung rückt unwiderruflich die Gefährdung der Anderen in den Fokus. Damit steht letztlich staatliches Handeln insgesamt im Horizont von Verantwortung. Dieser so beschriebene Perspektivwechsel vollzieht sich, folgt man Jean-Daniel Strub (2010, S. 246), auch im Leitbild des gerechten Friedens:

"Die Betonung des Moments der Gerechtigkeit im Konzept des gerechten Friedens [geschieht] [...] als Ausdruck der vertikalen Vertiefung, die [...] den einzelnen Menschen mit seinen gerechtigkeitsrelevanten Ansprüchen ins Zentrum auch der friedensethischen Reflexion rückt."

Verantwortung, wie sie hier beschrieben wurde, wäre damit die Antwort auf die „gerechtigkeitsrelevanten Ansprüche", die Menschen nicht nur auf das Handeln desjenigen Staates, in dem sie leben, sondern auch auf das Handeln der internationalen Gemeinschaft erheben. Diesen Ansprüchen auf verantwortliche Weise gerecht zu werden, ist konkret diejenige Friedensaufgabe, die mithilfe des Konzepts der R2P zu bearbeiten ist. Indem die Verantwortung, von der in der R2P die Rede ist, sich ganz in den Dienst des Schutzes der Menschen und ihrer grundlegenden Rechte stellt, schärft sie den Blick für die friedensrelevanten präventiven Aufgaben der Sicherung und Herstellung eines gerechten Friedens. Sie ist viel eher als eine „Ethik der internationalen Beziehungen" anzusprechen als auf eine bestimmte Konzeption zu begrenzen, indem sie das Handeln dahin orientiert, der Gewalt zu wehren, Not zu lindern sowie Freiheit und kulturelle Vielfalt zu fördern (vgl. EKD 2007, Ziff. 80ff.).

Literatur

Anselm, Reiner. 2004. Zweireichelehre I. In *Theologische Realenzyklopädie*, hrsg. von Horst Balz, James K. Cameron und Christian Grethlein, 36, 776–784. Berlin: De Gruyter.
Bodin, Jean. 2011 [1583]. *Über den Staat*. Stuttgart: Philipp Reclam jun.
Bonhoeffer, Dietrich. 1981 [1949]. *Ethik*. München: Chr. Kaiser Verlag.

Boutros-Ghali, Boutros. 1992. Empowering the United Nations. *Foreign Affairs* 71 (5): 89–102.
Casper, Bernhard. 2009. *Angesichts des Anderen. Emmanuel Levinas – Elemente seines Denkens.*. Paderborn: Ferdinand Schöningh.
Ciaramelli, Fabio. 1989. Transcendance et Éthique. Essai sur Lévinas. Brüssel: Ousia.
Danz, Christian. 2005. Art. Transzendenz, IV. Religionsphilosophisch. In *Religion in Geschichte und Gegenwart*, hrsg. von Hans Dieter Betz, Don S. Browning, Bernd Janowski und Ebenrhard Jüngel, 8, 551–553. Tübingen: Mohr Siebeck.
Delhom, Pascal und Alfred Hirsch. 2007. Vorwort. In *Verletzlichkeit und Frieden. Schriften über die Politik und das Politische*, hrsg. von Pascal Delhom und Alfred Hirsch, 7–77. Zürich: Diaphanes.
Deng, Francis M., Sadikiel Kimaro, Terrence Lyons, Donald Rothchild und I. William Zartman. 1996. *Sovereignty as Responsibility. Conflict Management in Africa*. Washington, D.C.: The Brookings Institution.
Evangelische Kirche in Deutschland (EKD). 2007. *Aus Gottes Frieden leben – für gerechten Frieden sorgen. Eine Denkschrift des Rates der Evangelischen Kirche in Deutschland*. Gütersloh: Gütersloher Verlagshaus.
Hankel, Gerd. 2017. Die Ethik rechtserhaltender Gewalt und die Generierung von Orientierungswissen angesichts der Spannung zwischen Rechtsidee und realpolitischer Verfasstheit der Vereinten Nationen (unveröffentlichtes Manuskript).
Herms, Eilert. 1995. Pluralismus aus Prinzip. In *Kirche für die Welt. Lage und Aufgabe der evangelischen Kirchen im vereinigten Deutschland*, hrsg. von Eilert Herms, 467–485. Tübingen: Mohr Siebeck.
Herms, Eilert. 2010. Leben in der Welt. In *Luther Handbuch*, hrsg. von Albrecht Beutel, 423–435. Tübingen: Mohr Siebeck.
Hirsch, Alfred. 2017. Verantwortung und Menschenrechte. In *Handbuch Verantwortung*, hrsg. von Ludger Heidbrink, Claus Langbehn und Janina Loh, 807–829. Wiesbaden: Springer VS.
Hobbes, Thomas. 2014 [1651]. *Leviathan*. Stuttgart: Reclam.
Hoppe, Thomas. 2014. Die Schutzverantwortung der Staatengemeinschaft als Grundprinzip einer Ethik internationaler Beziehungen. In *Verantwortung zu schützen. Interventionspolitik seit 1990 – eine friedensethische Bilanz. Analysen und Empfehlungen vorgelegt von der Arbeitsgruppe Gerechter Friede der Deutschen Kommission Justitia et Pax*, hrsg. von Thomas Hoppe, 39–52. Berlin: Verlag Dr. Köster.

Hoppe, Thomas und Peter Schlotter. 2017. Responsibility to Protect: Internationaler Menschenrechtsschutz und die Grenzen der Staatensouveränität. In *Handbuch Friedensethik*, hrsg. von Ines-Jacqueline Werkner und Klaus Ebeling, 689–699. Wiesbaden: Springer VS.

Huber, Wolfgang. 1990. Sozialethik als Verantwortungsethik. In *Konflikt und Konsens. Studien zur Ethik der Verantwortung*, hrsg. von Wolfgang Huber, 135–157. München: Chr. Kaiser.

International Commission on Intervention and State Sovereignty (ICISS). 2001. *The Responsibility to Protect. Report of the International Commission on Intervention and State Sovereignty*. Ottawa: International Development Research Centre.

Junk, Julian und Stefan Kroll. 2017. Das Verhältnis von Souveränität und Verantwortung im internationalen Recht: Schutzverantwortung und Staatenverantwortung. *Politische Vierteljahresschrift* 52 (Sonderheft): 268–286.

Levinas, Emmanuel. 1974. *Autrement qu'être ou au-delà de l'essence*. Den Haag: Martinus Nijhoff Publishers.

Levinas, Emmanuel. 2004. *Wenn Gott ins Denken einfällt. Diskurse über die Betroffenheit von Transzendenz*. Freiburg: Verlag Karl Alber.

Levinas, Emmanuel. 2007. Frieden und Nähe. In *Verletzlichkeit und Frieden. Schriften über die Politik und das Politische*, hrsg. von Pascal Delhom und Alfred Hirsch, 137–149. Zürich: diaphanes.

Lévinas, Emmanuel. 2008a. *Ethik und Unendliches. Gespräche mit Philippe Nemo*. Wien: Passagen Verlag.

Lévinas, Emmanuel. 2008b. *Totalität und Unendlichkeit. Versuch über die Exteriorität*. Freiburg: Verlag Karl Alber.

Lévinas, Emmanuel. 2011. *Jenseits des Seins oder anders als Sein geschieht*. Freiburg: Verlag Karl Alber.

Luck, Edward C. 2013. Die unterschätzte Kraft der zivilen Prävention – Schutzverantwortung weiterdenken. In *Menschen geschützt – gerechten Frieden verloren? Kontroversen um die internationale Schutzverantwortung in der christlichen Friedensethik*, hrsg. von Ines-Jacqueline Werkner und Dirk Rademacher, 135–159. Münster: LIT

Luther, Martin. 2016 [1523]. Von der weltlichen Obrigkeit: Wie weit man ihr Gehorsam schuldet. In *Martin Luther. Deutsch-Deutsche Studienausgabe. Bd. 3.: Christ und Welt*, hrsg. von Hellmut Zschoch, 217–289. Leipzig: Evangelische Verlagsanstalt.

Mantey, Volker. 2014. Zwei-Reiche-Lehre. In *Das Luther-Lexikon*, hrsg. von Volker Leppin und Gury Schneider-Ludorff, 788–792. Regensburg: Bückle & Böhm.

Menga, Ferdinando G. 2017. Was sich der (Ohn-)Macht entzieht. Lévinas' ethischer Widerstand der Transzendenz im Licht einer Zukunftsverantwortung. In *Gottes schwache Macht. Alternativen zur Rede von Gottes Allmacht und Ohnmacht*, hrsg. von Rebekka A. Klein und Friederike Rass, 55–72. Leipzig: Evangelische Verlagsanstalt.

Menga, Ferdinando G. 2018. *Ausdruck, Mitwelt, Ordnung. Zur Ursprünglichkeit einer Dimension des Politischen im Anschluss an die Philosophie des frühen Heidegger*. Paderborn: Wilhelm Fink.

Näsström, Sofia. 2004. *The An-Archical State. Logics of Legitimacy in the Social Contract Tradition*. Stockholm: Stockholms Universitet.

Ökumenischer Rat der Kirchen (ÖRK). 2006. *Vulnerable Populations at Risk – the Responsibility to Protect*. Statement of the WCC 9th Assembly, Porto Alegre, Brazil, 14–23 February, 2006. Porto Alegre: ÖRK.

Picht, Georg. 1969. *Wahrheit, Vernunft, Verantwortung. Philosophische Studien*. Stuttgart: Ernst Klett Verlag.

Quaritsch, Helmut. 1995. Souveränität. In *Historisches Wörterbuch der Philosophie*, hrsg. von Joachim Ritter und Karlfried Gründer, 9, 1104–1109. Darmstadt: Wissenschaftliche Buchgesellschaft.

Rousseau, Jean-Jacques. 2015 [1762]. Vom Gesellschaftsvertrag. Oder Prinzipien des Staatsrechts. Frankfurt a. M.: Suhrkamp.

Schwarz, Reinhard. 2014. *Luther*. Göttingen: Vandenhoeck & Ruprecht.

Stegmaier, Werner. 2013. *Emmanuel Levinas. Zur Einführung*. Hamburg: Junius.

Stoellger, Philipp. 2010. *Passivität aus Passion. Zur Problemgeschichte einer categoria non grata*. Tübingen: Mohr Siebeck.

Strub, Jean-Daniel. 2010. *Der Gerechte Friede. Spannungsfelder eines friedensethischen Leitbegriffs*. Stuttgart: Kohlhammer.

Vogelmann, Frieder. 2017. Souveräne schaffen und beschränken. Vorarbeiten zu einer Genealogie des Begriffs politischer Verantwortung. *Politische Vierteljahresschrift* 52 (Sonderheft): 12–35.

Waldenfels, Bernhard. 1995. *Deutsch-Französische Gedankengänge*. Frankfurt a. M.: Suhrkamp.

Werkner, Ines-Jacqueline. 2018. *Gerechter Frieden. Das fortwährende Dilemma militärischer Gewalt*. Bielefeld: transcript Verlag.

Werkner, Ines-Jacqueline und Dirk Rademacher (Hrsg.). 2013. *Menschen geschützt – gerechten Frieden verloren? Kontroversen um die internationale Schutzverantwortung in der christlichen Friedensethik.* Münster: LIT.

Zwenger, Thomas. 2003. Transzendenz. In *Handwörterbuch Philosophie,* hrsg. von Wulff D. Rehfus, 650–651. Göttingen: Vandenhoeck & Ruprecht.

Die Schutzverantwortung der Staatengemeinschaft im Spannungsfeld von politischer Ethik und internationaler Politik

Thomas Hoppe

1 Einleitung

Die Diskussion um das Konzept der internationalen Schutzverantwortung (*Responsibility to Protect*, R2P) stellt ein Beispiel für die politische Bedeutung rechtsethischer Überlegungen dar. Nach den humanitären Katastrophen in den 1990er Jahren – vor allem in Ruanda und Bosnien – und angesichts der nicht durch ein UN-Mandat gedeckten Entscheidung der NATO zu einem bewaffneten Eingreifen im Kosovo wuchs das Bewusstsein dafür, dass schwere Menschenrechtsverletzungen, Kriegsverbrechen und Verbrechen gegen die Menschlichkeit von der Staatengemeinschaft nicht länger hingenommen werden dürfen. Die Initiative des UN-Generalsekretärs Kofi Annan im Jahr 2000, bisherige Konzepte internationaler Friedenssicherung im Hinblick auf die sich neu stellenden Fragen einer kritischen Revision zu unterziehen, ging von der rechtsethischen Überzeugung aus: „Wenn Umstände eintreten, in denen allgemein akzeptierte Menschenrechte in massivem Umfang verletzt werden, dann haben wir die Verantwortung zu handeln" (UN-Dok. A/55/1 vom 30. August 2000, Rdnr. 37).

Die nachstehenden Überlegungen beleuchten zunächst die rechtsethischen Grundlagen der R2P und heben hervor, dass es sich hierbei in erster Linie um politische Aufgaben handelt, die ohne Rückgriff auf militärische Interventionen zu bearbeiten sind. Sie gehen sodann auf die wichtigsten Probleme ein, die sich bei einer Umsetzung der Schutzverantwortung in Form solcher Interventionen stellen. Thematisiert werden Einwände, die auf die Missbrauchsanfälligkeit des Konzepts verweisen und in diesem Zusammenhang geltend machen, es leide an einem Mangel an juristischer Positivierung. Eine eingehende Würdigung des letzteren Einwandes in rechtsethischer Perspektive führt einerseits zu dem Resultat, dass die R2P als Konkretisierung des Basisprinzips einer Ethik der internationalen Beziehungen anzusehen ist. Andererseits fordert er zu einer eingehenderen Betrachtung des Spannungsverhältnisses von Legalität und Legitimität im Kontext von R2P-Einsätzen auf, aus der abschließend politisch-ethische Schlussfolgerungen gezogen werden.

2 Zum Grundkonzept der *Responsibility to Protect*

Der von der „Internationalen Kommission zu Intervention und Staatensouveränität" (ICISS) im Jahr 2001 vorgelegte Bericht zur R2P ist in erster Linie als ein politisch-ethisches Konzept zu betrachten. Allerdings wurde die R2P in die Resolution der UN-Generalversammlung (A/Res./60/1 vom 24. Oktober 2005, Ziff. 138f.) ausdrücklich aufgenommen,[1] und mehrere Resolutionen des

---

1 Nur ein Teil der Empfehlungen der ICISS-Kommission (2001) fand jedoch Aufnahme in die UN-Resolution 60/1. Keinen Eingang gefunden haben unter anderem der Kriterienkatalog für die Anwendung von Gewalt sowie Möglichkeiten eines Veto-Verzichts bei Abstim-

Sicherheitsrats mit unmittelbar rechtlicher Relevanz, etwa zu Libyen (UNSC-Res. 1973 vom 17. März 2011) und zu Mali (UNSC-Res. 2100 vom 25. April 2013, Ziff. 24), beziehen sich direkt auf die Schutzverantwortung. Das Konzept zieht die Konsequenz aus dem Sachverhalt, dass in juristischer Hinsicht zwar ganz überwiegend weiterhin die einzelnen Staaten als Völkerrechtssubjekte betrachtet werden, für eine ethische Betrachtung die kontingente Struktur der Staatenwelt jedoch daraufhin zu prüfen bleibt, ob und wie weit sie den Schutz der elementaren Rechte eines jeden Menschen verlässlich gewährleistet. Insofern schlägt sich im R2P-Konzept ein „weltinnenpolitischer" Denkansatz nieder.

Rechtsethische Überlegungen, die im politischen Raum unmittelbar wirksam werden, gehen dabei über den Stand des positivierten internationalen Rechts hinaus und tragen auf diese Weise dazu bei, Letzteres inhaltlich fortzuentwickeln. Sie intendieren eine solche Weiterentwicklung vor allem dort, wo materiale Normen des geltenden Rechts (*lex lata*) mit elementaren Gerechtigkeitsüberlegungen in Konflikt geraten (vgl. Hoppe 2018). Recht – vor allem dasjenige auf staatliche Souveränität – darf nicht dazu missbraucht werden können, unter seinem Schutz schwere Verbrechen gegen die Menschlichkeit zu begehen: Die R2P „reflects the ‚International State of Mind' that state sovereignty should not and will not be allowed to be used as a licence to kill and brutalize people" (Pandiaraj 2016, S. 813). Eine Anpassung des internationalrechtlichen Normensystems zielt außerdem darauf, dass Interventionen zum Schutz bedrohter Menschen künftig möglichst nicht mit einem rechtlich ungesicherten Status der Interventen verbunden sind.

Dass diese Interpretation mit der Intention der UN-Charta und der ihr inhärenten Hermeneutik vereinbar ist, ergibt sich

---

mungen über humanitäre Notlagen und – im Falle einer Blockierung des UN-Sicherheitsrates – auch eines Handelns ohne sein Mandat.

unmittelbar aus der Präambel. Dort wird nicht nur betont, es gelte, „künftige Geschlechter vor der Geißel des Krieges zu bewahren", sondern ebenso, man sei

> „fest entschlossen, [...] unseren Glauben an die Grundrechte des Menschen, an Würde und Wert der menschlichen Persönlichkeit, an die Gleichberechtigung von Mann und Frau sowie von allen Nationen, ob groß oder klein, erneut zu bekräftigen".

Die Aufwertung des Individuums im internationalen Recht zeigt sich vor allem an den mittlerweile zahlreichen Konventionen, die auf globaler und auf regionaler Ebene dem Schutz der persönlichen Grundrechte dienen. Vor diesem Hintergrund folgt das R2P-Konzept einer anderen normativen Handlungslogik, als sie in herkömmlichen Formen der Kriegsführung vorliegt: Sie richtet sich auf das Ziel der Gefahrenabwehr in Bezug auf grundlegende Menschenrechte – im Inneren von Staaten eine klassisch polizeiliche Aufgabe, die nun aber auch im zwischenstaatlichen Bereich wahrgenommen werden muss. Dies bedingt einen entsprechenden partiellen Funktionswandel der hierfür eingesetzten Streitkräfte: Ihre primäre Aufgabe im Kontext von humanitär begründeten Interventionen besteht darin, Menschen vor massenhafter Gewalt zu schützen, ein Minimum an öffentlicher Ordnung wiederherzustellen und die Versorgung mit Grundgütern der humanitären Hilfe zu gewährleisten, auch beziehungsweise gerade dann, wenn die Notlage noch nicht ihre größten Ausmaße erreicht hat.

Dabei wird dem möglichen Missverständnis, die Bestimmung des Menschenrechtsschutzes als normativer Ausgangspunkt für die Interpretation von Prinzipien und Einzelnormen der Charta laufe notwendigerweise auf eine bellizistische Konzeption hinaus, bereits dadurch entgegengetreten, dass die UN-Charta für jedwede Entscheidung zum Einsatz von Gewalt das Vorliegen sehr spezieller Voraussetzungen fordert – eine Bedingung, die oft nicht leicht zu erfüllen ist. Durchgängig folgt sie dem Gedanken, den Rückgriff auf Gewaltmittel möglichst nicht erforderlich werden zu lassen; das gesamte Kapitel VI der Charta ist den Möglichkeiten einer friedlichen Beilegung von Streitfällen gewidmet. Im selben Sinn verläuft die Argumentation der ICISS-Studie: Bevor eine bewaffnete Intervention als äußerste Handlungsmöglichkeit im Rahmen der *Responsibility to React* in Betracht gezogen werden darf, gilt es, der prioritären Pflicht zur Prävention (*Responsibility to Prevent*) gerecht zu werden. Auch die Pflicht zur Nachsorge nach einem gewaltsamen Konflikt (*Responsibility to Rebuild*) entspringt letzten Endes dem Präventionsgedanken, nämlich gegenüber der Gefahr einer Wiederholung des Geschehens, die erneut die Frage nach bewaffnetem Eingreifen aufwerfen könnte. In der Logik und Absicht des R2P-Konzepts liegt daher nicht die Inflationierung, sondern im Gegenteil die Reduzierung der Zahl von Fällen, in denen man auf eine Intervention zurückgreifen muss.

Das R2P-Konzept wäre missverstanden, würde man es als eine bloße Aktualisierung der klassischen Lehre vom *bellum iustum* auffassen – jedenfalls wenn diese Lehre in herkömmlicher Weise erläutert, das heißt auf die Frage nach den Rechtfertigungsbedingungen für Gewalt und auf eine rein zwischenstaatliche Perspektive reduziert wird. Man kann sie jedoch durchaus so interpretieren, dass sie auf die Ausarbeitung einer umfassenderen Lehre vom gerechten Frieden verweist, ohne dass zugleich wesentliche Einsichten, die die klassische Lehre vom gerechten Krieg enthält, einfachhin obsolet würden. Als besondere Teilaspekte einer friedensethischen Gesamtkonzeption im Sinne eines gerechten Friedens, die für den Grenzfall der Konfrontation mit aktueller Gewalt auch im innerstaatlichen Bereich relevant sind, können und sollten diese Einsichten vielmehr festgehalten werden. In dieser ethischen Logik, in der es um die Bedingungen der Möglichkeit einer gewaltfreien Garantie von Menschenrechtsstandards in einer globalen Friedensordnung geht, die die Menschenrechtssituation innerhalb von Staaten mit einbezieht, argumentiert auch das R2P-Konzept.

Die häufige Thematisierung eines möglichen bewaffneten Eingreifens in R2P-Situationen darf deswegen nicht vergessen machen, dass das Konzept der Schutzverantwortung vor allem auf die nichtmilitärischen Handlungsmöglichkeiten abstellt – sowohl vor Ausbruch als auch nach Ende von Gewalthandlungen. Nicht nur in der Fachliteratur, auch in zahlreichen politischen Institutionen herrscht grundsätzlich ein Einvernehmen darüber, dass diese nichtmilitärischen Komponenten aufgewertet werden müssen und der Mitteleinsatz hierfür deutlich zu verstärken ist, wenn es gelingen soll, die Anwendung von Gewalt überflüssig zu machen (das ist auch ein Teil der Lehren aus Afghanistan). In einer Reihe von Beschlüssen der UN-Generalversammlung, des UN-Sicherheitsrats, des UN-Menschenrechtsrats, aber auch in einschlägigen Deklarationen der Afrikanischen Kommission für die Rechte der Menschen und der Völker sowie in politischen Maßnahmen der Europäischen Union wurde in diesem Sinne auf die R2P Bezug genommen. Der gewachsene Konsens ist zu berücksichtigen, wenn man einschätzen will, wie weit es sich bei der R2P um eine im Entstehen begriffene Norm handelt. Die Zustimmung zu nichtmilitärischen Komponenten des R2P-Konzepts ist zudem viel breiter als in den Fragen, die sich auf militärische Eingriffsmöglichkeiten beziehen – ungeachtet der praktischen Schwierigkeiten, Erfolge von nichtmilitärischer Präventionspolitik hinreichend zuverlässig zu bestimmen (vgl. Williams 2017; Welsh 2016).

3 Implementierungsprobleme der Schutzverantwortung

Zu den Problemen militärischer Interventionen gehören neben den Anforderungen an die Legitimität solchen Eingreifens vor allem die Hindernisse dabei, deren Erfolg im Vorhinein hinreichend sicherstellen zu können – „the main controversy is over implementation" (Ziegler 2016, S.266). Ein wesentlicher Grund für die Zurückhaltung gegenüber Interventionen liegt in den Unsicherheiten und Risiken, die hierbei unvermeidlich eingegangen werden, bis hin zur Gefahr, dass sich daraus kontraproduktive Folgen ergeben – etwa durch ungewollte, aber auch schwer beherrschbare Eskalationsdynamiken. Ein wesentliches Ziel solchen Eingreifens muss *civilian protection* sein: Die zu schützenden Menschen sollen nicht infolge der zu ihrem Schutz durchgeführten Handlungen selbst ihre Gesundheit und ihr Leben verlieren. Die Kosovo-Intervention 1999 wurde nicht zuletzt deshalb kritisiert, weil es den Interventen nur unzureichend gelang, diesen Schutz vor Gewalteinwirkung sicherzustellen. Eskaliert das Niveau der Gewaltanwendung, so wachsen zugleich damit die Schwierigkeiten, dem Grundsatz des Schutzes der Zivilbevölkerung zu entsprechen.

Aus dieser Überlegung heraus erklärt sich die Forderung, vor jeder Interventionsentscheidung müsse eine „Exit-Strategie" vorgelegt werden, das heißt präzisiert werden, was erreicht werden muss, um einen solchen Rückzug möglich zu machen. Solche Analysen sollen dazu beitragen, die Gefahren von Eskalationsdynamiken einzudämmen beziehungsweise einen kontrollierten Umgang mit ihnen zu ermöglichen. Dabei wird jedoch übersehen, dass Interaktionen innerhalb von Phasen organisierter Gewaltanwendung nur in engen Grenzen vorhersehbar sind, damit auch der Verlauf und das Ergebnis des gesamten Prozesses. Es handelt sich hierbei in erster Linie um ein erkenntnistheoretisches Problem von großer praktischer Tragweite. Eine der Lehren, die der ehemalige US-amerikanische Verteidigungsminister Robert S. McNamara im Rückblick auf seine Erfahrungen in diesem Amt formulierte, lautet:

> „Krieg ist zu komplex für den menschlichen Verstand, um alle Variablen zu erfassen – das ist die eigentliche Bedeutung des Ausdrucks ‚The Fog of War': Unser Urteilsvermögen und Verständnis sind unangemessen. Deswegen kommen unnötigerweise Menschen ums Leben. Wir handeln zwar durchaus rational – aber Rationalität hat Grenzen."[2]

Um die hier lauernden Gefahren beherrschbar zu halten, bedarf es insbesondere der Kommunikation mit anderen Akteuren, die im Interventionsgebiet operieren. Denn die Frage einer Realisierung der Schutzverantwortung in Form bewaffneten Eingreifens stellt sich nur, wenn sich der Verzicht darauf in Anbetracht seiner Folgen als unvertretbar erweist. In solchen Situationen stellt er daher keine Alternative dar, mittels derer man sich der Eskalationsproblematik entziehen könnte. Doch wenn nur dann interveniert werden dürfte, wenn das Ergebnis des Eingreifens mit an Sicherheit grenzender Wahrscheinlichkeit feststünde, so würde wohl so gut wie nie interveniert werden können, wie dringlich und verzweifelt die Notlage der Menschen vor Ort auch ist. Im Verlauf einer solchen Intervention müssten dann jedoch die zu Beginn formulierten Zielsetzungen ständig auf ihre Realisierbarkeit geprüft und gegebenenfalls auch reformuliert werden, wenn sich die Rahmenbedingungen so verändern, dass einige der bisherigen Zielsetzungen nur unter unverhältnismäßigen Risiken, vor allem für die Menschen vor Ort, weiterverfolgt werden könnten.

---

2 Robert S. McNamara in dem Dokumentarfilm „The Fog of War" von Errol Morris, der im Kern ein langes Gespräch über sein Leben und seine politischen Erfahrungen ist.

Aufgrund empirischer Befunde ist zudem der Vorstellung zu widersprechen, bewaffnete Interventionen führten in der Regel eher zu einer Verschlechterung statt zu einer Verbesserung der humanitären und politischen Situation vor Ort. Eine diesbezügliche Studie kam vor einigen Jahren im Rückblick auf die Zeit von 1947 bis 2005 zu dem Ergebnis, dass immerhin bei der Hälfte der Konflikte, in die aus humanitären Gründen interveniert wurde, das Gewaltniveau signifikant verringert oder die Gewalt sogar beendet werden konnte (vgl. Gromes und Dembinski 2013, S. 12ff.). Andere Studien beurteilen die Korrelation zwischen humanitär begründeten Interventionen und einer Minderung der Gewalt noch deutlich positiver (z. B. Doyle und Sambanis 2006). Zwar kommt die umfangreiche Literatur zu den empirischen Befunden, die sich bei einer Wirkungsanalyse von Interventionen erheben lassen, zu keinen einhelligen beziehungsweise auf andere Fälle direkt übertragbaren Schlussfolgerungen (vgl. Rudolf und Lohmann 2013). Dies hängt mit methodischen Schwierigkeiten der Wirkungsmessung von Interventionspolitik zusammen, die sich nicht leicht überwinden lassen. Da aber diese Sachlage weder den Befürwortern noch den Gegnern von Interventionsentscheidungen ex ante Argumente an die Hand gibt, mit denen sich nur die von ihnen jeweils favorisierte Entscheidung begründen ließe, bietet sie keine Grundlage dafür, solche Interventionen – und damit eine wichtige Handlungsmöglichkeit zur Wahrnehmung der Schutzverantwortung in konkreten Notfällen – bereits vorab zu verneinen. Es bleibt in jedem einzelnen Fall erforderlich, eine dessen Besonderheiten berücksichtigende, möglichst sorgfältige Folgenabschätzung vorzunehmen, bevor entschieden wird, was im Interesse des Schutzes der bedrohten Menschen getan werden kann. Dazu gehört eine solide Kenntnis der Konfliktkonstellationen im Zielland, einschließlich der politischen Kultur, der religionspolitischen Situation und der ökonomischen Verhältnisse. Wichtige weitere Voraussetzungen sind eine angemessene Zahl, Ausbildung und Ausstattung nicht nur der einzusetzenden militärischen, sondern ebenso der zivilen Kräfte.

4 Weitere Einwände gegen das Konzept der *Responsibility to Protect*

Der konzeptionelle Ansatz beim weltweiten Menschenrechtsschutz muss unter anderem dem Einwand begegnen, deren universaler Geltungsanspruch werde faktisch nicht überall anerkannt, so dass fraglich sei, wie man hierauf die Schutzverantwortung der gesamten Staatengemeinschaft gründen könne. Üblicherweise wird der Universalitätsanspruch der Menschenrechte mit kulturalistischen Argumenten bezweifelt. Für die Praxis bedeutsamer erscheint die Bestreitung der universalen Geltung dieser Rechte aus dem Grund, dass ihre Umsetzung zu weitreichenden Veränderungen einer vor Ort gegebenen sozialen und politischen Ordnung auffordert, die mit überkommenen Machtverhältnissen nicht überein zu bringen wären. Bei den Handlungen, von denen in Resolution 60/1 der UN-Generalversammlung festgestellt wird, dass sie die Wahrnehmung der internationalen Schutzverantwortung notwendig machen, handelt es sich jedoch um so massive Menschenrechtsverletzungen, dass sie sich selbst bei einer (partiellen) Berücksichtigung kulturspezifisch begründeter Vorbehalte gegen das Menschenrechtskonzept kaum relativieren lassen (vgl. Hoppe und Schlotter 2014).

Dennoch ist derzeit offen, ob, unter welchen Umständen und mit welchen Einschränkungen es zu einer neuen Norm des internationalen Rechts kommen wird, die stärkere Verbindlichkeiten mit sich führt als die in Resolution 60/1 festgestellten Prinzipien der Schutzverantwortung. Es lassen sich Tendenzen beobachten, die dies wahrscheinlich erscheinen lassen, aber auch gegenläufige, denen an einer stärkeren internationalrechtlichen Ausgestaltung der R2P keineswegs gelegen ist: „The main factor that prevents the Responsibility to Protect from becoming customary law is the inconsistency with which humanitarian intervention has been practiced" (Pandiaraj 2016, S. 814).

Ein wesentlicher Grund für Vorbehalte gegenüber einer weitergehenden rechtlichen Positivierung liegt in der mit jeder konditionierten Legalisierung von Gewaltanwendung verbundenen Missbrauchsanfälligkeit (vgl. Kurtz und Rotmann 2016). Es lässt sich nie ausschließen, dass bereits im Zuge von Entscheidungsprozessen über ein Eingreifen in R2P-Situationen von einzelnen Akteuren eine *hidden agenda* eigener politischer Partikularinteressen verfolgt wird, die die moralische Dignität der Entscheidungsfindung in Zweifel ziehen, ja das moralische Anliegen diskreditieren kann. Solche verdeckten Absichten können sich aber auch erst im Verlauf einer R2P-Intervention stärker zur Geltung bringen. Sie stellen unter Umständen die gesamte Operation unter den Verdacht, sie beruhe auf einem Etikettenschwindel: Die sarkastische Formulierung „wer Menschenrechte sagt, will betrügen" macht deutlich, gegen welche Art von Verdächtigungen nur allzu schnell sich auch derjenige zu wehren gezwungen sieht, der *keine* im genannten Sinn fragwürdige *hidden agenda* verfolgt (dabei ist zu beachten, dass wohl in jeder politischen Interventionsentscheidung eine *mixed motives*-Situation vorliegt; daraus allein lässt sich daher ein Missbrauchsvorwurf nicht begründen). In der Debatte der UN-Generalversammlung 2009 zur R2P machte eine nennenswerte Anzahl von Mitgliedstaaten geltend, gegen die Möglichkeit, anders motivierte Militäraktionen vordergründig mit der Schutzverantwortung zu legitimieren, biete das Konzept in seiner vorliegenden Form zu schwache Absicherungen. Die Befürchtung, aus neokolonialen Denkweisen resultierenden Interventionen könne hierdurch der Weg bereitet werden, war deutlich spürbar (vgl. Pandiaraj 2016).

Als missbräuchlich wird die Berufung auf das R2P-Konzept häufig auch dann kritisiert, wenn die Zielsetzungen, die mit einer Intervention verfolgt werden, einen Wechsel der politischen Führung im Einsatzland einschließen (*regime change*). Die ethisch entscheidende Frage wird dabei in der Regel umgangen, nämlich welche Aussichten bestehen, Menschen wirksam zu schützen und eine Ordnung zu errichten, die weiteren Gräueltaten vorbeugen soll, wenn zugleich diejenigen Akteure, ohne deren maßgebliches Zutun eine interventionsbedürftige Situation nicht entstanden wäre, ihre Macht und die damit verbundene Handlungsfreiheit behalten (vgl. Brozus und Schaller 2013). Der erzwungene Wechsel einer Regierung stellt ohne Zweifel einen gravierenden Eingriff in das politische Selbstbestimmungsrecht eines Landes dar; doch ein solcher liegt bereits in der Intervention selbst vor, auch wenn sie nicht auf einen *regime change* gerichtet ist. Daher bedarf es in dieser Hinsicht stets einer fallspezifischen Argumentation, soll vermieden werden, dass weitreichende Einflussnahmen auf das politische System eines Landes entweder ungeprüft verworfen oder aber ohne hinreichende Gründe bejaht werden.

Vorbehalte hinsichtlich einer stärkeren Verrechtlichung der R2P ergeben sich weiter aus der Überlegung, dass eine Norm, je konkreter sie gefasst ist, umso mehr das Problem aufwerfen kann, dass sie sich auf etliche komplexe Entscheidungs- und Handlungssituationen nur mehr oder weniger (oder auch gar nicht) sachgerecht anwenden lässt. Zu stark variieren die Umstände solcher Situationen, jede Entscheidung wird zur Einzelfallentscheidung, und Spielräume sind hier gerade aus ethischen Erwägungen heraus unbedingt notwendig, damit man nicht in die Falle des *summum ius summa iniuria* gerät: Die vermeintlich höchste Form des Rechts kann tatsächlich schwerstes Unrecht bewirken, wenn in ihr nicht der Grundsatz der Billigkeit (*aequitas*) berücksichtigt wird, der die Anwendung generalisierender Normen auf konkrete Einzelsituationen leiten muss (vgl. Hoppe 2018, S. 80).

Ein Problem von besonderer Tragweite ist die Bindung von R2P-Einsätzen an eine Autorisierung durch den UN-Sicherheitsrat, die selbst von den Kritikern des R2P-Konzepts als eine seiner entscheidenden Schwachstellen zugestanden wird (vgl. Pandiaraj 2016, S. 814f.). Sie verhindert bis heute eine Politik gegenüber zahlreichen Konflikten (nicht nur in Syrien), die wenigstens zu einer Eindämmung des Blutvergießens im jeweiligen Konfliktgebiet führen könnte. Häufig liegt das Problem darin, dass nicht oder nicht zeitgerecht gehandelt wird (Ruanda, Srebrenica), seltener darin, dass Interventionsentscheidungen ohne hinreichende Sachgründe erfolgen. Aber auch aus einem anderen Grund kann die Bindung von R2P-Mandaten an eine Autorisierung durch den UN-Sicherheitsrat problematisch werden: Wenn nämlich aufgrund der für die heutige Situation der Staatenwelt nicht repräsentativen Zusammensetzung des Sicherheitsrates Gesichtspunkte, die von den regional betroffenen Staaten in einem Interventionsgebiet zu Recht geltend gemacht werden, keine oder zu geringe Beachtung finden, was von diesen Staaten als Verstoß gegen Grundsätze der Verfahrensgerechtigkeit aufgefasst werden kann (vgl. Dembinski 2017; Hunt 2016).

5 Die Schutzverantwortung als Konkretisierung des Basisprinzips einer Ethik internationaler Beziehungen

Ethisch-normativ betrachtet geht es bei der R2P im Grunde um weit mehr als um eine Spezialnorm für Extremfälle. Der politische Hintergrund, vor dem sich die Diskussion um die R2P vollzieht, wirft die Frage auf, ob es sich bei diesem Konzept nicht letztlich um praktische Konsequenzen aus einem Basisprinzip einer Ethik der internationalen Beziehungen handelt: der Forderung nach Solidarität angesichts von Situationen elementarer Not beziehungsweise Unterdrückung (vgl. Murthy und Kurtz 2016). In der biblischen Ethik ist dieser Gedanke an zentraler Stelle verankert, nämlich der Exodus-Erzählung von der Befreiung aus der Bedrückung in *Eretz Mizrajim*, dem Land Ägypten. Man könnte auch sagen: Es geht um die Beantwortung der Frage, von welchem ethischen Paradigma her diese Beziehungen zu gestalten sind (und hoffentlich ein gutes Stück weit auch tatsächlich gestaltet werden). Not und Unfreiheit sind zugleich die beiden Kategorien, auf deren Negation sich die meisten Menschenrechtsstandards zurückbeziehen lassen. Sie spielen schon in der Atlantik-Charta von 1941 eine zentrale Rolle, in der es um die Grundprinzipien einer weltweiten Nachkriegsordnung geht (*freedom from fear and want*). So steht die Entwicklung des Konzepts der Schutzverantwortung in einem Kontext, in dem nicht weniger zur Debatte steht als die Frage nach den Grundlinien einer Weltordnung, der man auch bei Anlegen ethischer Kriterien zustimmen könnte.

Daraus ergibt sich, dass die Beschränkung einer Schutzverantwortung auf vier Fallkonstellationen, wie sie in der Resolution 60/1 der UN-Generalversammlung aus dem Jahr 2005 aufgeführt werden (Genozid, Verbrechen gegen die Menschlichkeit, Kriegsverbrechen, massenhafte Vertreibungen), in ethischer Hinsicht nicht erschöpfend sein kann. Denn es sind weitere Fallkonstellationen vorstellbar, angesichts derer die genannte elementare Forderung nach Solidarität zu einem Handeln verpflichtet, das die bestehende Notlage abwendet, mindestens aber lindert. Mit dieser Möglichkeit hatte die ICISS-Kommission in ihrem Bericht von 2001 gerechnet. So werden dort zusätzlich zu den vier Fallgruppen folgende genannt:

„situations of state collapse and the resultant exposure of the population to mass starvation and/or civil war; and overwhelming natural or environmental catastrophes, where the state concerned is either unwilling or unable to cope, or call for assistance, and significant loss of life is occurring or threatened" (ICISS 2001, S. 33).

Selbst diese Benennung muss nicht erschöpfend sein. Für die Zukunft lässt sich nicht vorhersagen, welche Notlagen noch entstehen könnten, die Menschen auf die Hilfe anderer, vermittelt durch Aktionsmöglichkeiten dafür geeigneter Organisationen beziehungsweise Institutionen, angewiesen sein lassen. Auch hieran zeigt sich, dass es im Blick auf konkrete Sachverhalte kaum möglich ist, für alle Fälle abschließend zu definieren, wie zu handeln in ihnen richtig ist. Jeder Kasuistik ist vielmehr notwendigerweise ein Element des Unabgeschlossenen, weil Unabschließbaren inhärent.

Von Interesse ist in diesem Zusammenhang ein Blick darauf, wie die Kategorie der „Verbrechen gegen die Menschlichkeit" in der Rechtspraxis unmittelbar nach Ende des Zweiten Weltkriegs zur Geltung gebracht wurde. So enthält Artikel II c des Gesetzes Nr. 10 des Alliierten Kontrollrates (KRG 10) vom 20. Dezember 1945 die folgende Definition: Verbrechen gegen die Menschlichkeit sind

„Gewalttaten und Vergehen, einschließlich der folgenden den obigen Tatbestand jedoch nicht erschöpfenden Beispiele: Mord, Ausrottung, Versklavung, Zwangsverschleppung, Freiheitsberaubung, Folterung, Vergewaltigung oder andere an der Zivilbevölkerung begangene unmenschliche Handlungen [...]."

Entscheidend ist hier der Hinweis, dass diese Aufzählung nicht erschöpfend ist, das heißt dass weitere derartige Handlungen möglich sind, die den Tatbestand eines Verbrechens gegen die Menschlichkeit erfüllen, auch wenn sie in der Definition nicht ausdrücklich genannt werden. Der Gesetzestext versucht auf diese Weise zu verhindern, dass bei einer engen Auslegung bestimmte andere Handlungen, die den Tatbestand erfüllen, dennoch nicht strafrechtlich verfolgt werden können. Dieselbe Klausel fand daher auch bei der Definition von Kriegsverbrechen Verwendung (KRG 10, Art. II b).

Für eine Beschränkung der Schutzverantwortung auf die in der Resolution 60/1 genannten Fälle lassen sich daher zwar ernst zu nehmende politische Gründe anführen – vor allem die Sorge, dass die Nennung weiterer möglicher Fälle einen Missbrauch des Rückgriffs auf die R2P erleichtert und zu einer Überdehnung von beanspruchten Berechtigungen zu einem Eingreifen von außen führt. Dies darf allerdings nicht zu dem Fehlurteil führen, dass auch unter einer ethischen Betrachtung jegliches Eingreifen in weiteren Fallkonstellationen untersagt beziehungsweise verwerflich zu nennen wäre. Der Missbrauchsgefahr muss politisch entgegengewirkt werden. Ungeeignet beziehungsweise ethisch fragwürdig erscheint jedoch der Versuch, dies angesichts der komplexen Handlungsanforderungen, mit denen in R2P-relevanten Situationen zu rechnen ist, durch restriktive rechtliche Regelungen erreichen zu wollen.

Allerdings wird diese Problematik dadurch erheblich in ihrer Brisanz gemildert, dass die vier ausdrücklich in Resolution 60/1 bestätigten einschlägigen Fallgruppen für R2P-Einsätze ihrerseits ein zum Teil breites Spektrum von Handlungen abdecken, die unter sie zu subsumieren wären. Dies wurde soeben mit Verweis auf die Definition der Verbrechen gegen die Menschlichkeit im Artikel II c des KRG 10 gezeigt; es wird ferner deutlich am entsprechenden Artikel 7 des Römischen Statuts für den ständigen Internationalen Strafgerichtshof. Und auch dieser Artikel enthält nach einer Aufzählung zahlreicher Handlungsweisen, die den Tatbestand eines Verbrechens gegen die Menschlichkeit erfüllen, eine Öffnung für weitere, nicht explizit genannte derartige Handlungen:

„andere unmenschliche Handlungen ähnlicher Art, mit denen vorsätzlich große Leiden oder eine schwere Beeinträchtigung der körperlichen Unversehrtheit oder der geistigen oder körperlichen Gesundheit verursacht werden" (Römisches Statut des Internationalen Strafgerichtshofs, Art. 7 I k).

Ein Blick auf den gesamten Umfang an Handlungsweisen, die in eine der vier in der Resolution 60/1 genannten Fallgruppen einzuordnen sind, führt so zu einer Bestätigung der Auffassung, dass die R2P im Kern das Basisprinzip einer Ethik der internationalen Beziehungen konkretisiert. Dieser Befund ist deswegen nicht unerwartet, weil diese Ethik vom Schutz der Würde und der Rechte des Menschen ausgeht, so dass Fällen, in denen diese Schutzgüter elementar bedroht sind, die besondere Aufmerksamkeit in staatlicher und internationaler Verantwortungsübernahme gelten muss.

6 Zum Spannungsverhältnis von Legalität und Legitimität

Doch stellt sich immer wieder das Problem, wie weit die Mitgliedstaaten der Vereinten Nationen tatsächlich bereit sind, sich gegebenenfalls auch militärisch zu engagieren, um die Verübung von solchen Verbrechen gegen die Menschlichkeit zu beenden. Ein Gedankenexperiment mag dies veranschaulichen: Wie ist die Wahrscheinlichkeit einzuschätzen, dass eine Interventionsmacht zustande käme, die in einer der alliierten Landung in der Normandie 1944 vergleichbaren Weise zu handeln bereit wäre? Und doch war diese Landung eine entscheidende Voraussetzung dafür, die Gewaltherrschaft Nazideutschlands über Europa zu beenden, unter der ungezählte Verbrechen gegen die Menschlichkeit verübt wurden.

Man kann gegen das Beispiel einwenden, dass es sich hierbei um eine Entscheidung handelte, die im Rahmen eines Krieges fiel, der auf alliierter Seite vor allem nach der Logik der kollektiven

Verteidigung geführt wurde. Insofern müsse von einer anderen Interessenlage der Entscheidungsträger ausgegangen werden als bei einer humanitär begründeten Intervention in einem dritten Staat. Dieser Einwand überzeugt aber nur ein Stück weit: Erstens lässt sich fragen, ob nicht gerade die Beendigung von *mass atrocities* zu den vitalen Interessen jedes Staates, vor allem aber der Staatengemeinschaft, zu rechnen ist – unabhängig davon, wo sie geschehen. Zum zweiten war eine wesentliche Begründung für die Invasion in der Normandie politisch-moralischer Art. Sie ging über konventionelle politische oder ökonomische Interessenkalküle weit hinaus und bezog sich explizit auf die Notwendigkeit, zu verhindern, dass sich die Kette von Verbrechen gegen die Menschlichkeit weiter fortsetzen ließ.[3] Im Erinnerungsdiskurs an den 6. Juni 1944 ist dieses Motiv überaus präsent und zentral, darüber hinaus auch in der Gegenwart politisch wirksam, wie sich etwa an den Reden ablesen lässt, die am 60. und 70. Jahrestag dieses Ereignisses von den höchsten Repräsentanten der an der Invasion beteiligten Mächte gehalten wurden (vgl. u. a. Bush 2004; Chirac 2004; Obama 2014). Dass sich die Entscheidungssituation 1944 von denkbaren Interventionsentscheidungen in der Gegenwart qualitativ so unterschied, dass sie als Beispiel nicht aussagekräftig ist, kann daher kaum angenommen werden.

So ist die gestellte Frage wiederaufzunehmen: Wäre mit analogen Entscheidungen selbst in Fällen zu rechnen, die in ihrem Umfang

---

3   Vgl. die Rede des amerikanischen Oberkommandierenden Dwight D. Eisenhower (1944) am Vorabend der Operation Overlord: „In company with our brave Allies and brothers in.arms on other fronts you will bring about the destruction of the German war machine, the elimination of Nazi tyranny over oppressed peoples of Europe, and security for ourselves in a free world." Das Ziel der Befreiung anderer Völker von Gewaltherrschaft wird vor der Suche nach Sicherheit für das eigene Volk und die Welt außerhalb der Tyrannei genannt.

wie in ihrer Reichweite weitaus geringer zu veranschlagen wären als die Invasion in der Normandie? Dies erscheint im Licht der Erfahrungen seit 1990 eher zweifelhaft, und zwar aus mehreren Gründen. Nur einer, der im Voranstehenden bereits erwähnt wurde, soll hier näher betrachtet werden: Die Weise der Entscheidungsfindung im UN-Sicherheitsrat, dessen Mandate die völkerrechtliche Legalität von Interventionen sicherstellen.

In seiner Abschiedsrede als UN-Generalsekretär kritisierte Ban Ki-moon mit scharfen Worten die Unfähigkeit des Gremiums, auf den bereits Jahre andauernden Konflikt in Syrien wirksam Einfluss zu nehmen und das dortige Blutvergießen zu beenden. Er führte dies vor allem auf die mangelnde Entschiedenheit zurück, solchen Geschehnissen Einhalt zu gebieten, was sich zu einem großen Teil aus den divergierenden Partikularinteressen insbesondere der ständigen Ratsmitglieder erkläre. Zwar ist eine hohe Schwelle für die Anwendung von Gewalt mit guten Gründen in der Charta der Vereinten Nationen verankert. Aber auch dabei ist vorausgesetzt, dass sich die Ratsmitglieder ihrer Verantwortung für den Weltfrieden und die internationale Sicherheit bewusst sind, die seit Ende des Kalten Krieges den Blick auf die Verhältnisse innerhalb von Staaten zunehmend mit einbezieht und nicht mehr nur auf zwischenstaatliche Konfliktsituationen fokussiert werden kann. Eine solche moralische Selbstverpflichtung der Staaten ist freilich weder erzwingbar noch in politisch-institutionellen Strukturen organisierbar; allerdings lässt sich fragen, ob bestimmte institutionelle Arrangements für die Wahrnehmung von Verantwortung günstige oder weniger günstige Voraussetzungen bieten. Dabei kommt es unter anderem auf die Zusammensetzung der Mitgliedschaft in politisch entscheidenden Gremien an, das heißt darauf, wie weit sie einerseits als hinreichend repräsentativ für die Gesamtheit der Staaten angesehen werden kann und andererseits den tatsächlich bestehenden Machtverhältnissen mit ihrer starken Asymmetrie, die gleichwohl mit zumindest partiell enormen Einflussmöglichkeiten verbunden sind, Rechnung trägt. Mehr Repräsentanz und zugleich mehr Effektivität sind zwei Grundforderungen, die ihm Rahmen der Diskussion um eine Reform der UN-Gremien, speziell des Sicherheitsrats, immer wieder erhoben werden.

Die Problematik ist damit jedoch unvollständig beschrieben; denn als ein weiterer wichtiger Aspekt ist der Grad an Legitimität zu betrachten, den Gremien in der Wahrnehmung internationaler Verantwortung beanspruchen können. Als Beispiel mag der UN-Menschenrechtsrat dienen: Wenn dieses Gremium dem internationalen Menschenrechtsschutz dienen soll, gleichzeitig aber von Staaten dominiert wird, die zu den weltweit größten Menschenrechtsverletzern gehören, steht die Legitimität seiner Beschlüsse ebenso infrage, wie es bei der Vorgängerinstitution, der UN-Menschenrechtskommission, der Fall gewesen ist. Ähnliches gilt für die Wahrnehmung des Vetorechts im Sicherheitsrat: Es kann in Anspruch genommen werden, auch wenn dadurch Entscheidungen unmöglich werden, die dringend geboten sind – eben darauf wollte Ban Ki-moon hinweisen.

Solange partikulare Opportunitätserwägungen wirkmächtiger sind als die Auseinandersetzung mit der Frage nach dem ethisch wie politisch richtigen Handeln der Staatengemeinschaft angesichts von Krisen und Konflikten, wird sich an den beobachtbaren Defiziten der Entscheidungsverfahren nichts Wesentliches ändern. Mutatis mutandis würde dies auch bei Kooperationen von UN-Gremien mit regionalen Organisationen gelten. In ihnen wirken grundsätzlich die gleichen zentrifugalen Kräfte divergierender Partikularinteressen, was fallbezogene Interessenkoinzidenzen und daraus folgende Entscheidungen nicht ausschließt – nur sind sie so wenig verlässlich wie in den angesprochenen UN-Strukturen selbst.

Die Verhinderung oder Beendigung von massenhaften Gewaltexzessen darf jedoch nicht durch eine unzureichende Rechtslage blockiert werden, die dadurch entsteht, dass der Sicherheitsrat sich außerstande sieht, ein entsprechendes Mandat zu erteilen. Insofern liegt hier ein Spannungsverhältnis zwischen Legalität und Legitimität vor, das sich zwar verringern, aber nicht gänzlich aufheben lässt. Findet man für dieses Problem keine praktikablen Lösungen, so droht die normative Grundidee der Schutzverantwortung selbst Schaden zu nehmen. Die fatalen Folgen dieser Entwicklung hätten diejenigen zu ertragen, die auf einen solchen Schutz dringend angewiesen sind. – Es droht ein Rückfall in eine politische Situation, die angesichts stets möglicher Gewaltexzesse zu Recht als moralisch unerträglich betrachtet wird.

Vor allem die politischen Grundlagen der Schutzverantwortung gilt es daher unter dem Gesichtspunkt ihrer Legitimität fortzuentwickeln, um die Zustimmungsfähigkeit dieses Konzepts und seine praktische Wirksamkeit auch für die Zukunft zu sichern. Dies kann bedeuten, dass notfalls auch unilaterales Vorgehen oder dasjenige von Staatenkoalitionen in Erwägung gezogen werden muss, wenn keine andere Möglichkeit besteht, einer dringlichen Notlage abzuhelfen. Auf dieser Überlegung beruhte letzten Endes das Eingreifen der USA und in der Folge einer erheblichen Zahl weiterer Staaten zugunsten der unmittelbar von ihrer Ermordung durch den „Islamischen Staat" bedrohten Jesiden und Kurden im Nordirak im Sommer 2014 – eine Entscheidung, der eine lange Phase der bewussten Nichtintervention vorausgegangen war.

7 Schlussbemerkung

Die Spannung zwischen politisch-ethischen Erwägungen zur internationalen Politik einerseits und den Problemen ihrer Umsetzung in die politische Praxis andererseits wird in der Diskussion um die Schutzverantwortung, und mehr noch anlässlich ihrer

Implementierung in konkreten Krisensituationen, paradigmatisch deutlich. Dies mag für manchen fraglich erscheinen lassen, worin der Nutzen solcher Erwägungen liegt, scheint das, was sich in der Realität der Politik vollzieht, überwiegend doch gänzlich anderen Handlungslogiken als denjenigen zu folgen, die von einer ethischen Reflexion her naheliegen. Tatsächlich stehen vor allem aus diesem Grund Konzepte wie die R2P schnell unter dem Generalverdacht, sie sollten nur herkömmliche Interessenpolitik moralisch verschleiern.

Daher ist daran zu erinnern, dass die politische Dynamik, die sich mit dem R2P-Konzept verbindet, selbst Ergebnis einer zutiefst moralisch motivierten Überlegung ist: Sie entstammt im Kern dem verbreiteten Abscheu darüber, dass Verbrechen gegen die Menschlichkeit nicht nur auch in der Gegenwart ohne alle Skrupel begangen werden, sondern dass die Möglichkeiten, sie zu verhindern oder zu beenden, bis heute offensichtlich insuffizient sind. Das Ringen um eine bessere Verwirklichung des weltweiten Menschenrechtsschutzes, auch und gerade in Situationen, die die Schutzverantwortung einzelner Staaten und der Staatengemeinschaft aufrufen, weist so darauf hin, dass nach wie vor eine nennenswerte Zahl von Menschen nicht auf Dauer in einer Welt des machtpolitischen Zynismus leben will, in der man der Not und Verzweiflung der Opfer solcher Politik den Rücken kehrt.

In dieser Perspektive kann es nur darum gehen, das R2P-Konzept weiter zu qualifizieren, im Wissen darum, dass angesichts der komplexen Herausforderungen in der Praxis Konzepte, die mehr als Annäherungen an die Erreichung der gesteckten Ziele ermöglichen, ohnehin nicht realisierbar erscheinen. Aus ethischer Sicht scheidet dagegen die Option aus, dieses Konzept zu verwerfen, ohne an seiner Stelle andere Vorschläge zu unterbreiten, von denen begründet erwartet werden darf, dass sie Notlagen, in denen die Schutzverantwortung aktuell wird, anders und besser bearbeitbar machen als unter den Rahmenbedingungen, die das R2P-Konzept hierfür bereitstellt. Derzeit sind solche Vorschläge nicht erkennbar.

Aus dem Talmud stammt eine ethische Orientierung, die dem Vergeblichkeitsverdacht entgegenwirken kann, der sich so oft angesichts von Rückschlägen und Niederlagen im Handeln für mehr Menschlichkeit aufdrängt: „Wer auch immer ein einziges Leben rettet, der ist, als ob er die ganze Welt gerettet hätte" (Babylonischer Talmud, Mishna Sanhedrin 37a). Es ist das Zeugnis zahlreicher Überlebender humanitärer und politischer Katastrophen, das diese Einsicht nicht nur bewahrheitet, sondern auch die Sinnhaftigkeit eines solchen Einsatzes für diejenigen verbürgt, denen es aufgegeben bleibt, verantwortlich zu handeln.

Literatur

Brozus, Lars und Christian Schaller. 2013. Über die Responsibility to Protect zum Regimewechsel. Berlin: Stiftung Wissenschaft und Politik.
Bush, George W. 2004. Rede in Colleville-sur-Mer zum Jahrestag der alliierten Landung in der Normandie am 6. Juni 2004. *Blätter für deutsche und internationale Politik* 2004 (7): 890–896.
Chirac, Jacques. 2004. Rede in Arromanches zum Jahrestag der alliierten Landung in der Normandie am 6. Juni 2004. *Blätter für deutsche und internationale Politik* 2004 (7): 890–896.
Dembinski, Matthias. 2017. Procedural Justice and Global Order: Explaining African Reaction to the Application of Global Protection Norms. *European Journal of International Relations* 23 (4): 809–832.
Doyle, Michael and Nicholas Sambanis. 2006. *Making War and Building Peace: United Nations Peace Operations*. Princeton, N.J.: Princeton University Press.
Eisenhower, Dwight D. 1944. Order of the Day. http://www.americanrhetoric.com/speeches/dwighteisenhowerorderofdday.htm. Zugegriffen: 29. Oktober 2018.

Gromes, Thorsten und Matthias Dembinski. 2013. *Bestandsaufnahme der humanitären militärischen Interventionen zwischen 1947 und 2005.* Frankfurt a. M.: Hessische Stiftung Friedens- und Konfliktforschung.
Hoppe, Thomas. 2018. Zur friedensethischen Relevanz der Rechtsethik. In: *Recht in der Bibel und in kirchlichen Traditionen*, hrsg. von Sarah Jäger und Arnulf von Scheliha, 75–95. Wiesbaden: Springer VS.
Hoppe, Thomas und Peter Schlotter. 2014. Erfahrungen aus militärischen Interventionen seit 1990 in friedensethischer Perspektive. In *Verantwortung zu schützen*, hrsg. von Thomas Hoppe, 7–35. Berlin: Dr. Köster
Hunt, Charles T. 2016. Emerging Powers and the Responsibility to Protect: Non-Linear Norm Dynamics in Complex International Society. *Cambridge Review of International Affairs* 29 (3): 870–890.
International Commission on Intervention and State Sovereignty (ICISS). 2001. *The Responsibility to Protect.* Ottawa: International Development Research Centre.
Kurtz, Gerrit und Philipp Rotmann. 2016. The Evolution of Norms of Protection: Major Powers Debate the Responsibility to Protect. *Global Society* 30 (1): 3–20.
Murthy, C.S.R., und Gerrit Kurtz. 2016. International Responsibility as Solidarity: The Impact of the World Summit Negotiations on the R2P Trajectory. *Global Society* 30 (1): 38–53.
Obama, Barack. 2014. Remarks by President Obama at the 70th Anniversary of D-Day – Omaha Beach, Normandy, 06.06.2014. https://obamawhitehouse.archives.gov/the-press-office/2014/06/06/remarks-president-obama-70th-anniversary-d-day-omaha-beach-normandy.htm Zugegriffen: 29. Oktober 2018.
Pandiaraj, Shri 2016. Sovereignty as Responsibility: Reflections on the Legal Status of the Doctrine of Responsibility to Protect. *Chinese Journal of International Law* 15 (4): 795–815.
Rudolf, Peter und Sascha Lohmann. 2013. *Außenpolitikevaluation im Aktionsfeld Krisenprävention und Friedensaufbau.* Berlin: Stiftung Wissenschaft und Politik.
Welsh, Jennifer M. 2016. The Responsibility to Protect after Libya and Syria. *Daedalus* 145 (4): 75–87.
Williams, Abiodun. 2017. The Responsibility to Protect and Institutional Change. *Global Governance* 23 (4): 537–544.
Ziegler, Charles E. 2016. Critical Perspectives on the Responsibility to Protect: BRICS and Beyond. *International Relations* 30 (3): 262–272.

Die *Responsibility to Prevent* – „the one not to be named"?

Markus Böckenförde

1 Einleitung

Durch den Bericht der *International Commisssion on Intervention and State Sovereignty* (ICISS) aus dem Jahr 2001 gewann der Begriff der Schutzverantwortung (*Responsibility to Protect*, R2P) globale Aufmerksamkeit.[1] Inhaltlich führte die Kommission eine Neuinterpretation des Souveränitätsbegriffs ein, der die Perspektive von einer „Souveränität als Kontrolle" auf eine „Souveränität als Verantwortlichkeit" lenkte (Rudolf 2013). Das Konzept der Schutzverantwortung wurde durch die Kommission in drei chronologisch aufeinander folgende Dimensionen aufgeteilt: die Verantwortung zur Konfliktverhütung (*Responsibility to Prevent*), die Verantwortung zur Konfliktintervention (*Responsibility to React*) und die Verantwortung zur Konfliktnachsorge (*Responsibility to Rebuild*). Erstgenannte Dimension ist Gegenstand des folgenden

---

1 Zentrale Elemente des Konzepts der Schutzverantwortung haben bereits im Jahr 2000 – und damit vor dem ICISS-Bericht – Eingang in die Gründungsakte der Afrikanischen Union gefunden.

Beitrages. Er geht den Fragen nach, wie die *Responsibility to Prevent* in den vergangenen knapp 20 Jahren zum Tragen gekommen ist, welche neuen Elemente sie eingeführt hat und inwieweit sich diese etablieren konnten. Eine Annäherung zu möglichen Antworten erfolgt in drei Schritten: Da *die Responsibility to Prevent* Teil des R2P-Konzeptes ist, dieses aber weder statisch geblieben ist noch sich linear entwickelt hat, scheint es zunächst geboten, sich den Rahmen der Schutzverantwortung zu vergegenwärtigen, um Grenzen und Möglichkeiten der *Responsibility to Prevent* zu reflektieren. In einem zweiten Schritt wird die Begriffswerdung der *Responsibility to Prevent* nachgezeichnet, bevor drittens ihre Operationalisierung in den Blick genommen wird.

2 R2P 2018 – Was ist, was bleibt: eine Rahmung des Konzepts der Schutzverantwortung

In den 1990er Jahren bildete sich die Figur der *Responsibility to Protect* heraus. Anlass waren die Ereignisse in Rwanda, Somalia und Srebrenica – alles Fälle von teilweise katastrophal gescheiterten oder gar nicht erst durchgeführten Eingriffen der internationalen Gemeinschaft, um schlimmste Verbrechen an der Bevölkerung zu verhindern. Es entstand ein allgemeines Verständnis, dass solche Ereignisse nie wieder geschehen dürfen. Diesem „nie wieder" wurde im Kosovo im Jahr 1999 Rechnung getragen. Die NATO beschloss, ohne Mandat des Sicherheitsrates Luftangriffe gegen Serbien zu fliegen, um die humanitäre Katastrophe einzudämmen. Dieser Einsatz wurde im Abschlussbericht der von UN-Generalsekretär Kofi Annan eingesetzten Kommission zum Kosovokrieg als „nicht legal, aber legitim" beschrieben (IICK 2000, S. 4), verbunden mit der Aufforderung, das Recht der humanitären Intervention mit dem „internationalen moralischen Konsens" in Einklang zu bringen. Diesem Appell nachzukommen war ein zentraler Grund zur Einsetzung der ICISS (Marks and Cooper 2010, S. 89; Schaller 2008, S. 10).

Obgleich die ICISS in ihrem Bericht die primäre Verantwortung des Sicherheitsrats unter Kapitel VII der Charta betont, geht sie in Reflektion des Kosovo-Dilemmas darüber hinaus. Sie weist auf die funktionalen Defizite des Sicherheitsrates hin, insbesondere auf seine unausgewogene Zusammensetzung und Vetoproblematik. Der Bericht erschöpft sich aber nicht in der Kritik an Vorhandenem, sondern bietet verschiedene Optionen an, die bei einer Blockade im Falle einer humanitären Katastrophe zum Zuge kommen könnten (vgl. ICISS 2001, S. 53). Dieses Verlangen, die normative Anerkennungswürdigkeit moralischer Normen durch neue Rechtsfiguren durchzusetzen, wurde im Folgenden aber nur halbherzig verfolgt. Bereits im Vorfeld des UN-Weltgipfels 2005 hatte eine von Kofi Annan eingesetzte Expertengruppe in ihrem Bericht die Idee einer internationalen Schutzverantwortung an Kapitel VII der UN-Charta zurückgebunden (UN-Dok. A/59/565 vom 2. Dezember 2004, S. 56). In der folgenden Entwicklung wurde diese Einhegung fortgeführt, sowohl im Ergebnisdokument des Weltgipfels (UN-Dok. A/RES/60/1 vom 24. Oktober 2005, S. 31) als auch im Bericht des UN-Generalsekretärs Ban Ki moon (UN-Dok. A/63/677 vom 12. Januar 2009, S. 31) zur Implementierung der Schutzverantwortung. Initiativen, die im Falle von Tatbeständen der internationalen Schutzverantwortung wenigstens innerhalb der Entscheidungsfindungen unter Kapitel VII eine Zurückhaltung der ständigen Mitglieder des Sicherheitsrates bei Ausübung ihres Vetorechtes durchsetzen wollten, sind bisher im Sande verlaufen (vgl. Krieger 2015, S. 73). Gleiches gilt für den autonomen, vom Sicherheitsrat entkoppelten Gestaltungsspielraum regionaler Organisationen in solchen Situationen. Die internationale Schutzverantwortung hat insoweit völkerrechtlich bisher keine neuen Rechte oder Pflichten für die UN-Mitgliedsstaaten geschaffen (vgl. Krieger 2015, 70), sondern lediglich dem Sicherheitsrat Begründungshilfen zur Seite gestellt. In aller Deutlichkeit zeigte sich dies bei dem Unterfangen der britischen Regierung, den Militärschlag gegen Chemiewaffeneinrichtungen in Syrien vom 14. April 2018 völkerrechtlich zu rechtfertigen (vgl. Prime Minister's Office 2018). Ein Verweis auf das Konzept der internationalen Schutzverantwortung findet sich nicht; die R2P wird mit keinem Wort erwähnt. Stattdessen wird das einseitige militärische Eingreifen mit dem Konstrukt einer „humanitären Gegenmaßnahme" gerechtfertigt. Damit werden Gedanken der humanitären Intervention mit der Figur der völkerrechtlichen Gegenmaßnahme verbunden (vgl. Walter 2018, S. 2). Wirklich überzeugen kann dies nicht (vgl. WD 2018, S. 6), was auch der weitgehende Rückgriff auf die Rhetorik eines völkerrechtswidrigen, aber legitimen Einsatzes bei der Kommentierung des Einsatzes im April 2018 spiegelt. Einer der beiden Ausgangspunkte bei der Ausgestaltung einer internationalen Schutzverantwortung ist von dem Konzept der R2P nicht mehr umfasst, das Kosovo-Dilemma bleibt ungelöst. Aus einer völkerrechtlichen Perspektive steht die R2P somit für „neuen Wein in alten Schläuchen". Neu sind die Begründungsmuster, mit denen der Sicherheitsrat seiner Aufgabe der „Wahrung des Weltfriedens und der Internationalen Sicherheit" bei nationalen Konflikten nachkommen kann, und der erhöhte politische Druck, angesichts des bestehenden R2P-Konzeptes nicht uneins zu bleiben; alt ist das rechtliche Prozedere. Ob sich insoweit im Rahmen des neuen Begründungsmusters auch ein verändertes Verständnis der Konfliktprävention im Sinne einer Präventionsverantwortung entwickelt hat, bleibt folgend zu untersuchen.

3 Anwendungsfälle der *Responsibility to Protect*

Ausgehend von einem veränderten Denken über das Wesen der Souveränität entwickelt das Konzept der *Responsibility to Protect* Schutzmechanismen gegenüber der Bevölkerung eines Staates, die sowohl den Staat als auch die internationale Gemeinschaft in die Verantwortung nehmen. Die aus der Souveränität erwachsende Verantwortung des Staates gegenüber der eigenen Bevölkerung ist gleichlaufend zu dem Anspruch auf Anerkennung der eigenen Autonomie. Wird der Staat seiner Verantwortung nicht gerecht, schränkt sich auch sein Anspruch ein und die Schutzverantwortung der internationalen Gemeinschaft zugunsten der Zivilbevölkerung greift Raum. Das Souveränitätsverständnis der R2P geht so davon aus, dass ein souveräner Staat als *ultima ratio* mit einer Intervention von außen rechnen muss, wenn er „nicht willens oder nicht in der Lage ist", schwerwiegende Menschenrechtsverletzungen an der eigenen Bevölkerung zu verhindern. Dieses Konzept hat allerdings im Ergebnisdokument des Weltgipfels 2005 eine Relativierung erfahren, da nicht mehr durchgängig von der Verantwortung der internationalen Gemeinschaft, sondern lediglich von deren Bereitschaft gesprochen wird (UN-Dok. A/RES/60/1 vom 24. Oktober 20015, S. 31).

Wie eingangs erwähnt hat die ICISS in ihrem Bericht in strukturierter Weise das Konzept der Schutzverantwortung in drei chronologisch nachfolgende Dimensionen gegliedert und als Konfliktverhütung, Konfliktintervention (Reaktion auf schwerste Menschenrechtsverletzungen) und Konfliktnachsorge umschrieben. Abstrakt soll es der Gefahr von „großen Verlusten an Menschenleben" und „ethnischen Säuberungen" entgegenwirken. Konkretisierend benennt der ICISS-Bericht (2001, S. 33) sechs Anwendungsfälle:

- Tatbestände, die in der Völkermordkonvention von 1948 aufgeführt sind;
- die Gefahr oder das Eintreten von großen Verlusten an Menschenleben;
- verschiedene Erscheinungsformen von „ethnischen Säuberungen";
- Verbrechen gegen die Menschlichkeit und Verstöße gegen das Kriegsrecht;
- Situationen des Staatszerfalls und der daraus resultierenden Gefahr von Hungersnöten beziehungsweise Bürgerkrieg sowie
- überwältigende Natur- oder Umweltkatastrophen, nach deren Eintreten (weitere) erhebliche Verluste an Menschenleben drohen, und der betreffende Staat weder in der Lage ist, diese zu bewältigen, noch bereit ist, internationale Hilfe zur Linderung zuzulassen.

Begrifflich nahm das Ergebnisdokument des UN-Weltgipfels 2005 eine Begrenzung auf Völkermord, Kriegsverbrechen, Verbrechen gegen die Menschlichkeit und ethnische Säuberungen[2] vor. Diese Fokussierung auf die vier Tatbestände (Massenverbrechen) hilft, um die Perspektive der Schutzverantwortung zu schärfen. Für die Konfliktverhütung (*Responsibility to Prevent*) ist die Schärfung elementar, denn als einheitliches, sich aus benannten drei Dimensionen zusammensetzendes Konzept bezieht diese sich im Kontext der R2P vornehmlich auf Situationen, denen das Potenzial innewohnt, zu einem Interventionstatbestand auszuufern. So sollen zum Beispiel Naturkatastrophen, entgegen des Vorschlags der ICISS, ausgeschlossen sein. Eine solche Fokussierung sollte

---

2 Beim Begriff der ethnischen Säuberung handelt es sich nicht um einen völkerrechtlich definierten Tatbestand. Handlungen dieser Art lassen sich aber weitestgehend unter die drei anderen Tatbestände subsumieren.

aber dennoch ermöglichen, zwischen abstrakter Veranlassung und konkreter Verursachung zu unterscheiden und bei der Beurteilung auf Letztgenanntes abzustellen.

Dass dies nicht immer gelingt, zeigt das Beispiel des tropischen Wirbelsturms Zyklon Nargis in Myanmar im Jahr 2008. Verkürzt ging es um die Frage, ob die R2P als Reaktion auf die Folge von Naturkatastrophen angewandt werden könne. In seinem Bericht „Umsetzung der Schutzverantwortung" (UN-Dok. A/63/677 vom 12. Januar 2009) unterstrich Ban Ki-moon, dass die Idee der Schutzverantwortung nicht über die vier schwersten Verbrechen hinaus auf Naturkatastrophen anzuwenden sei, da dies „den Konsens von 2005 untergraben und den Begriff bis zur Unkenntlichkeit oder praktischen Unbrauchbarkeit verwässern" (UN-Dok. A/63/677 vom 12. Januar 2009, S. 8) würde. Aber genau diese Einschätzung unterstreicht, wie schwer es fällt, die Verantwortung zum Schutz der Bevölkerung in den Mittelpunkt zu stellen. Auslöser der Verwüstungen in Myanmar war der Zyklon, unmittelbar mitursächlich für die Verschärfung der humanitären Katastrophe war aber die folgende Weigerung der Regierung, Hilfsmaßnahmen zur Eindämmung zuzulassen (vgl. Junk 2016a, S. 80). Das im neuen Souveränitätsbegriff enthaltene Verantwortungselement für die eigene Bevölkerung gebiert auch Handlungspflichten der Regierung, um (weitere) Schäden von ihr abzuwenden. Die Verweigerung in Ansehung der daraus folgenden Konsequenzen lässt sich aus Sicht der Betroffenen durchaus als ein systematischer Angriff gegen die Zivilbevölkerung sehen, „mit denen vorsätzlich große Leiden oder eine schwere Beeinträchtigung der körperlichen Unversehrtheit oder der geistigen oder körperlichen Gesundheit verursacht werden". Genau dieses Verhalten wird nach Art. 7 (1) lit. k des Statuts des Internationalen Strafgerichtshofs als ein Verbrechen gegen die Menschlichkeit angesehen. Aufgrund des fehlenden Willens der Regierung hätte es in der Verantwortung der internationalen

Gemeinschaft gelegen, (Präventiv-)Maßnahmen zu ergreifen, um den Schutz der Zivilbevölkerung zu gewährleisten. Wichtig bleibt festzuhalten, dass der Bezugspunkt insoweit nicht die Naturkatastrophe ist, sondern konkretes Regierungshandeln gegen statt für den Schutz der Bevölkerung.

Eine Ausweitung über die vier Tatbestände hinaus findet nicht statt, lediglich die im Strafrecht allgemein angewandten Zurechnungskriterien werden einbezogen, inklusive der Garantenstellung der Regierung. Im skizzierten Fall berief sich Bernard Kouchner, seinerzeit französischer Außenminister unter Nicolas Sarkozy, auf diese Lesart zur Annahme eines R2P-Falles, konnte damit aber nicht durchdringen (vgl. Junk 2016a, S. 83). Auffallend war vielmehr, dass das Verhalten der myanmarischen Regierung zwar verurteilt wurde, ein Bezug zur R2P aber weitgehend – auch rückblickend – ausblieb.

4 Die *Responsibility to Prevent*: Theorie und Praxis

Innerhalb der oben geschilderten Anwendungsfälle der R2P hat sich die *Responsibility to Prevent* zu verorten. Der ICISS-Bericht fasst den Begriff der Präventionsbemühungen weit, inspiriert und geprägt durch den Bericht der Carnegie Commission on Preventing Deadly Conflict (1997). Er differenziert zwischen „Root Cause Prevention Efforts" und „Direct Prevention Efforts". Das Unterscheidungskriterium zwischen beiden Kategorien ist die Zeitknappheit („shorter time available to make a difference") sowie die Wahl der Mittel.

Erstgenannte lassen sich dem Inhalt nach von Fördermaßnahmen in *state building*-Prozessen nicht unterscheiden und umfassen:

- die Beseitigung politischer Defizite („political needs and deficiencies") durch die Schaffung von demokratischer Institutionen, Gewaltenteilung, Vertrauensbildung zwischen verschiedenen Gruppen einer Gesellschaft, Pressefreiheit, Rechtstaatlichkeit etc.,
- die Bekämpfung ökonomischer Mängel („tackling economic deprivation") durch bessere Handelsbedingungen und einen größeren Zugang zu externen Märkten, ökonomische Strukturreformen, technische Hilfe und die Stärkung von Aufsichtsinstitutionen sowie
- die Stärkung des Rechtsschutzes („strengthening legal protection") durch die Unterstützung des Justizsystems, der Unabhängigkeit der Justiz, des Minderheitenschutzes sowie die Unterstützung von Organisationen, die sich für eine Stärkung der Menschenrechte einsetzen (vgl. ISICC 2001, S. 23).

Letztgenannte (*Direct Prevention Efforts*) beziehen neben Anreiz- auch Strafmaßnahmen mit ein, lassen ihrerseits aber die Abgrenzung zu nichtmilitärischen Zwangsmaßnahmen der *Responsibility to React* verschwimmen. Konkret beinhalten die direkten politischen und diplomatischen Präventivmaßnahmen neben der Einbindung des Generalsekretärs, internationalen Appellen, das Aktivwerden von *fact finding*-Missionen und Mediationen auch politische Sanktionen, diplomatische Isolation, das Aussetzen von Mitgliedschaften in internationalen Organisationen, Reisebeschränkungen für bestimmte Personen und das Einfrieren derer Vermögen (vgl. ICISS 2001, S. 24).

Etwas klarer lassen sich die Teilverantwortlichkeiten der *Responsibility to Prevent* und der *Responsibility to Rebuild* einander zuordnen. Die dritte Teilverantwortlichkeit, die *Responsibility to Rebuild*, beinhaltet die „Aufräum- und Aufbauarbeit" nach *militärischer* Intervention und umfasst das Hinwirken auf einen dauerhaften Frieden durch die Förderung von guter Regierungsführung und nachhaltige Entwicklung (vgl. ICISS 2001, S. 39).

Diese Verengung schafft zugleich Raum für den Aktionsradius einer *Responsibility to Prevent* in all den Fällen, in denen nichtmilitärische Interventionen dennoch „Nachsorge" erfordern. Aus vorangegangenen Erfahrungen in einem Land können so Vorsorgemaßnahmen getroffen werden, die einer schwer kontrollierbaren Wiederholung sich eskalierender Ereignisse entgegenwirken können. Die Maßnahmen zu den ethnisch aufgeladenen Wahlen in Kenia in den Jahren 2013 und 2017 sind insoweit von ihrer Ablauflogik her prägnante Beispiele und haben mit dazu beigetragen, dass Eskalationen in dem Ausmaß von 2007/8 (vgl. Elder et al. 2014; Claes und Borzyskowski 2018) nicht stattfanden.

Neben einer Verortung der *Responsibility to Prevent* innerhalb der R2P erweist sich für eine inhaltliche Schärfung des Konzeptes auch eine Abgrenzung der spezifischen *Responsibility to Prevent*-Fälle zu generellen Präventionsbemühungen als notwendig. Dies gilt umso mehr, als mit Ban Ki-moon's Bericht zur „Umsetzung der Schutzverantwortung" (UN-Dok. A/63/677 vom 12. Januar 2009) die Schutzverantwortung vornehmlich im Sinne einer Präventionsverantwortung interpretiert wird.

In der Literatur ist zu Recht mehrfach die Besorgnis geäußert worden, dass eine zu weit verstandene *Responsibility to Prevent*, die auch wirtschaftliche, soziale und rechtsstaatliche Entwicklungen einbezieht, das R2P-Konzept verwässern würde: „[I]f R2P means everything, it amounts to nothing" (Mani und Weiss 2011, S. 4). Um seinen eigenständigen und damit auch teilweise exklusiven Charakter wahren zu können, darf auch die *Responsibility to Prevent* nicht den *raison d'detre* der R2P aus dem Auge verlieren: eine zeitnahe Reaktion auf sich anbahnende Massenverbrechen. Grundvoraussetzung hierfür ist das Erkennen von Dynamiken, die über einen Konflikt hinaus zu einem Massenverbrechen ausufern können. Diesem Bedürfnis nach spezifischer Früherkennung trägt das *UN Framework of Analysis for Atrocity Crimes – a Tool for Prevention* (2014) Rechnung. Anders als traditionelle Ansätze stellt es nicht die Perspektive der Konfliktprävention ins Zentrum, sondern die der Verbrechensprävention (vgl. Reike 2014, S. 459) und setzt sich so von dem ICISS-Bericht ab. Ausgangspunkt sind vorhandene Erkenntnisse zu Ursachen und Dynamiken bei der Entstehung von Völkermorden, die dann in Anwendung auf andere Massenverbrechen geweitet werden (vgl. Welsh 2016, S. 223). Entstanden unter Federführung der UN-Sonderberater zur Völkermordprävention und zur R2P identifiziert das Instrument Risikofaktoren für den Ausbruch von Massenverbrechen und liefert zu jedem dieser Risikofaktoren Indikatoren, die zur Bestimmung der Verdichtung des jeweiligen Risikos dienen (vgl. Deng und Welsh 2014). Die insgesamt vierzehn Risikofaktoren sind in zwei Gruppen unterteilt: Die ersten acht sind struktureller Natur und auf die drei Massenverbrechen gleichermaßen anwendbar, die verbleibenden sechs sind auf die spezifischen Charakteristika der drei Massenverbrechen zugeschnitten (vgl. Deng und Welsh 2014, S. 6). Ziel dieses Analyseinstrumentes ist es, ein Frühwarnsystem zu schaffen, das hilft, den Übergang von einem allgemeinen Risiko zu einer bevorstehenden Bedrohung zu erkennen und den Zeitpunkt zu bestimmen, wann das Konzept der *Responsibility to Prevent* greifen soll. Ein solcher Perspektivenwechsel (von Konflikt- hin zu Verbrechensprävention) würde auch bezüglich des Maßnahmenkatalogs abgrenzbarere Konturen bieten. Strukturelle und auf *capacity building* ausgerichtete Präventionsmaßnahmen blieben Mittel der gängigen Konfliktprävention, während unmittelbare und direkte Maßnahmen der *Responsibility to Prevent* vorbehalten blieben (vgl. Reike et al. 2015, S. 25). In der Terminologie des ICISS-Berichts verbleibend wären *Responsibility to Prevent*-Maßnahmen dann

„direct prevention efforts" als Reaktion auf sich anbahnende Massenverbrechen, nicht aber bereits „root course prevention efforts".

Die Bandbreite an „direct prevention efforts" ist groß. Das zur Verfügung stehende Instrumentarium ist weder neu noch exklusiv und wurde bereits in unterschiedlichen Kontexten erprobt. Es reicht von diplomatischen beziehungsweise politischen über juristische und wirtschaftliche bis hin zu militärischen Präventionsmaßnahmen und erfolgt idealerweise durch ein Ineinandergreifen von nationalen, regionalen und internationalen Akteuren. Als Beispiele für nichtmilitärische Maßnahmen im Anwendungsrahmen der *Responsibility to Prevent* werden zuvorderst Kenia 2007/08, 2013 sowie 2017 angeführt. In allen drei Fällen ging es um ethnische Gewaltszenarien im Zusammenhang mit Präsidentschaftswahlen. Während 2007/8 die ausgebrochene Gewalt einzudämmen war, wurden in den Jahren 2013 und 2017 Maßnahmen und Initiativen getroffen, um einen solchen Ausbruch zu vermeiden (vgl. Sharma 2015, S. 281; Junk 2016b, S. 58). Als weiteres Beispiel zählt zuweilen Guinea Conakry in den Jahren 2010/11, wo es mit Präventivdiplomatie, Waffenembargo und Drohung mit dem Internationalen Gerichtshof gelang, ein Wiederaufbrechen von Gewaltexzessen im Kontext der Wahlen 2010 zu vermeiden (vgl. Kikoler 2015, S. 304).

Wie oben skizziert können präventive Maßnahmen auch militärischen Charakter haben, soweit sie unterhalb der Schwelle einer militärischen Intervention gegen den Willen der Regierung stattfinden. Als potenzieller Anwendungsfall im R2P-Kontext wird häufig die sechsjährige *United Nations Preventive Deployment Force* in Mazedonien (1992-99), eine UN-Präventiveinsatztruppe, genannt. Sie wurde explizit zur Vermeidung von Gewaltausbrüchen eingesetzt und konnte diesen Auftrag erfolgreich umsetzen (vgl. Williams 2015, S. 230).

Der Rückgriff auf ein Vorzeigebeispiel aus Vor-R2P-Zeiten lässt gelegentlich in Vergessenheit geraten, dass es bereits einen konkreten Anwendungsfall im Südsudan gegeben hat, der einer näheren Betrachtung lohnt. Hier gab es ungeachtet kontinuierlicher traditioneller stammesbezogener Spannungen zwischen Bevölkerungsteilen des ethnisch diversen südlichen Sudans über Jahrzehnte ein einendes Band: den gemeinsamen „Gegner" im sudanesischen Bürgerkrieg, das Regime in Khartum. Im Friedensvertrag von 2005 wurden dem Süden nicht nur weitgehende Autonomierechte eingeräumt, sondern auch das Recht, in einem Referendum nach sechs Jahren zu entscheiden, ob der Süden Teil des Sudans bleiben oder sich als eigener neuer Staat formieren soll. Mit dem Tod von John Garang, Rebellenführer der Befreiungsorganisation (SPLA/SPLM) im südlichen Sudan, im Jahr 2005 – kurz nach Inkrafttreten des Friedensvertrages –, wurde schnell klar, dass es nach sechs Jahren zu einer Abspaltung des südlichen Sudans und der Entstehung eines neuen Staates Südsudan kommen würde. Neben zu erwartenden und bereits schwelenden Konflikten in der neuen Grenzregion lag es nahe, dass mit der Unabhängigkeit des Südsudans das einigende Band eines gemeinsamen Gegners weitgehend wegfallen und aufkommende politische Machtkämpfe über ethnische Zuordnungen angeheizt und ausgefochten würden. Vor diesem Hintergrund folgte mit einem klaren Bezug zur *Responsibility to Prevent* im Ausgangsmandat (UN-Dok. S/RES/1996 vom 08. Juli 2011) und im Einvernehmen mit der südsudanesischen Regierung die Errichtung einer mit militärischen Befugnissen ausgestattete UN-Mission im Südsudan (UNMISS). Das Mandat hatte aus R2P-Perspektive eine hybride Funktion. Es beinhaltete rein zivile Aufgaben zum Aufbau des neuen Staates, die unter die Kategorie „root course prevention efforts" eingeordnet werden können, zugleich aber auch *Responsibility to Prevent* bezogene „direct prevention efforts" zum Schutz der eigenen Bevölkerung, die auf einem Kapitel VII-Mandat fußten. In seinem historischen Kontext nimmt dieser Beschluss sicherlich eine Sonderstellung ein: Zum einen kam er in einer

R2P-Hochphase im UN-Sicherheitsrat zustande, flankiert von den militärisch intervenierenden Maßnahmen in Libyen (UN-Dok. S/RES/1973 vom 17. März 2011) und in der Elfenbeinküste (UN-Dok. S/RES/1975 vom 30. März 2011). Zum anderen vermuteten die Vereinten Nationen Gefahren gegen die Bevölkerung des erst am Folgetag der Resolution offiziell geborenen Staates Südsudan eher an seiner neu entstandenen und noch umstrittenen Grenze zum Sudan denn aus der eigenen Führung resultierend (vgl. Gräfe 2015, S. 2). In der *Responsibility to Prevent*-Komponente der Resolution wird die Regierung des Südsudans „in Ausübung ihrer Verantwortung zur Konfliktprävention, -entschärfung und -lösung sowie zum Schutz der Bevölkerung" (UN-Dok. S/RES/1996 vom 08. Juli 2011; Übers. d. Verf.) unterstützt. Komplementär hatten die damals bis zu 7.000 im Südsudan stationierten UN-Soldaten die Aufgabe,

> „im Rahmen ihrer Möglichkeiten und in ihren Einsatzgebieten Gewalt durch proaktiven Einsatz und Patrouillen in Gebieten mit hohem Konfliktrisiko einzudämmen und den Schutz von Zivilisten vor unmittelbarer Bedrohung durch körperliche Gewalt zu gewährleisten, insbesondere wenn die Regierung der Republik Südsudan keine solche Sicherheit bietet" (UN-Dok. S/RES/1996 vom 08. Juli 2011, Übers. d. Verf.).

Anders als in Mazedonien konnte UNMISS ihre präventive Wirkung nicht entfalten, wovon die bis heute folgenden Sicherheitsratsbeschlüsse mit einhergehendem Wandel der Mandate ein Zeugnis geben.[3]

---

3 Vgl. UN-Dok. S/RES/2109 vom 11. Juli 2013; S/RES/2155 vom 27. Mai 2014; S/RES/2187 vom 25. November 2014; S/RES/2206 vom 3. März 2015; S/RES/2223 vom 28. Mai 2015; S/RES/2241 vom 9. Oktober 2015. Mit Beschluss der S/RES/2252 vom 15. Dezember 2015 transformierte sich das Präventionsmandat in ein halbherziges Interventionsmandat

5 Fazit

Obige Ausführungen haben gezeigt, dass sich für die *Responsibility to Prevent* durchaus ein von generellen Konfliktpräventionsfeldern abgrenzbarer Einsatzbereich ergibt, der auf den Kern der Schutzverantwortung zugeschnitten ist. Zugleich wurde deutlich, dass die Einsatzmaßnahmen weitestgehend solche sind, die auch bei der generellen Konfliktprävention eingesetzt werden. Dadurch lassen sich *Responsibility to Prevent*-Aktivitäten weniger über die eingesetzten Präventionsmittel als vielmehr über die Präventionsbegründung und -strategie ermitteln. Wird konzediert, dass die Maßnahmen im Rahmen der *Responsibility to Prevent* inhaltlich nicht über bereits Bekanntes hinausgehen und insoweit die genannten „Werkzeuge" alter Wein in neuen Schläuchen sind, so liegt ihre Relevanz primär in der neuen Einkleidung in das Gewand der Schutzverantwortung. Über einer solchen Einkleidung schwebt aber ein Damoklesschwert. Solange Präventionsmaßnahmen im Austausch mit der jeweiligen Regierung zu treffen und umzusetzen sind und noch keinen Sanktionscharakter besitzen, muss der betroffene Staat befürchten, dass durch die Benutzung des R2P-Vokabulars ein sich verselbständigender Prozess in Gang gesetzt wird, der in eine militärische Intervention münden kann. Denn die *Responsibility to Prevent* bleibt in die Trias *prevent – react – rebuild* eingebunden; Bezugs- und Ausgangspunkt sind potenzielle Massenverbrechen, deren Eintreten für wahrscheinlich gehalten werden. Mit einer solchen Einschätzung konfrontiert zu werden, wird im Regelfall der Selbstwahrnehmung der betroffenen Staaten widersprechen und keinen zusätzlichen Anreiz zur Kooperation auf internationaler Ebene generieren. Gerade nach den Erfahrungen des R2P-Einsat-

---

zum Schutz der Bevölkerung, das in Teilen von der südsudanesischen Regierung nicht mehr mitgetragen wurde.

zes in Libyen, der in den Sturz Muammar al-Gaddafis mündete, besteht ein großes Interesse betroffener Regierungen, solchen Dynamiken zum frühmöglichsten Zeitpunkt entgegenzuwirken. Effektive Präventionsmaßnahmen lassen sich so eher ohne als mit einer Berufung auf die R2P durchführen.

Vor diesem Hintergrund verwundert es nicht, dass der weithin als Vorzeigefall der *Responsibility to Prevent* gepriesene Prozess in Kenia nach den gewaltsamen Ausschreitungen im Nachgang der Präsidentschaftswahlen 2007 nur eine rückwirkende Rahmung war (vgl. Junk 2016b, S. 57), teilweise dem Bedürfnis geschuldet, einen Erfolgsfall der R2P präsentieren zu wollen (vgl. Sharma 2015, S. 281). So mag das Konzept der R2P bei einigen Akteuren in Kenia in Gedanken mitgeschwungen haben und vereinzelt als Begriff auch gefallen sein, ein Kausalfaktor für die positive Wendung des Falles wurde es dadurch aber nicht. Erhellend ist insoweit die Erinnerung eines US-Diplomaten, der für die USA den Verhandlungen beiwohnte:

> „Ich bin mir nicht sicher, ob der kanadische Bericht aus dem Jahr 2001 [ICISS Bericht] oder das Abschlussdokument des Weltgipfels 2005 einen nennenswerten Einfluss auf unsere Reaktionen im kenianischen Fall hatte. Tatsächlich fand ich es eher belustigend, wenn ich den R2P-Leuten mitteile, dass dies eine große R2P-Erfolgsgeschichte war. Ich erinnere mich an einen Austausch zwischen unserem Außenminister, dem UN-Generalsekretär und Kofi Annan. Niemand hat seinerzeit R2P in den Mund genommen. Zu keinem Zeitpunkt haben wir daran gedacht, dass die Reaktionen auf die Krise in Kenia ein R2P-Fall seien." (zit. nach Junk 2016b, 58, Übers. d. Verf.)

Grundsätzlich ereilt der *Responsibility to Prevent* damit das gleiche Schicksal wie dem Schreckensherrscher Lord Voldemort in den Harry Potter-Romanen, dessen Namen sich keiner auszusprechen getraut und daher mit „the one not to be named" („Er, dessen

Die *Responsibility to Prevent*

Name nicht genannt werden darf") paraphrasiert wird. In diesem Sinne sind wohl auch die Äußerungen der US-Botschafterin bei den Vereinten Nationen, Susan Rice, mit Blick auf Kenia zu deuten:

> „It is worth noting that the Responsibility to Protect was explicitly not part of the debate in the Council. [...] Raising the R2P flag may be morally satisfying, but it can be politically fraught." (Rice 2010, S. 52)

Gewiss, die Idee der Schutzverantwortung hat ein neues Souveränitätsverständnis in die Debatte eingeführt und innerhalb von knapp zwei Jahrzehnten einen internationalen Diskurs entfacht, der auch heute noch die Sprache prägt. Spätestens die (Nicht-)Anwendungsfälle in Libyen und Syrien haben die Bedeutung der R2P als rechtspolitisches Konzept, das unmittelbar zur Konfliktlösung beitragen kann, dramatisch sinken lassen. Davon sind auch und vor allem Präventionsbemühungen auf internationaler Ebene betroffen.

Dieser Trend scheint sich auch in den Koalitionsverträgen der deutschen Bundesregierung wiederzufinden: Während im Koalitionsvertrag aus dem Jahr 2013 noch das explizite Bekenntnis, „die präventive Säule der Schutzverantwortung international zu stärken" (CDU, CSU und SPD 2013, S. 171), verankert ist, sucht man einen ähnlichen Verweis gut vier Jahre später vergeblich, die Bekenntnisse verlieren sich in einer allgemeinen Präventionslyrik.

Literatur

Carnegie Cooperation of New York. 1997. Preventing Deadly Conflict: Final Report. https://www.carnegie.org/publications/preventing-deadly-conflict-final-report/. Zugegriffen: 23. November 2018.

CDU, CSU und SPD. 2013. Deutschlands Zukunft gestalten. Koalitionsvertrag zwischen CDU, CSU und SPD. 18. Legislaturperiode. https://www.cdu.de/sites/default/files/media/dokumente/koalitionsvertrag.pdf. Zugegriffen: 15. Dezember 2018.

Claes, Jonas und Inke von Borzyskowski. 2018. *What Works in Preventing Election Violence – Evidence from Liberia and Kenya*. Washington: United States Institute for Peace.

Deng, Francis und Jennifer M. Welsh. 2014. *Framework of Analysis for Atrocity Crimes – A Tool for Prevention*. New York: United Nations.

Elder, Claire, Susan Stigant und Jonas Claes. 2014. *Elections and Violent Conflict in Kenya: Making Prevention Stick*. Washington: United States Institute for Peace.

Gräfe, Sebastian. 2015. Improvisieren als Strategie: Erfahrungen beim Schutz der Zivilbevölkerung im Südsudan. ZiF Policy Briefing. www.zif-berlin.org/fileadm/uploads/analyse/dokumente/veroeffentlichungen/ZIF_Policy_Briefing_Gräfe_2015.pdf. Zugegriffen: 15. Dezember 2018.

Independent International Commission on Kosovo (IICK). 2000. *The Kosovo Report: Conflict, International Response, Lessons Learned*. Oxford: Oxford University Press.

International Commission on Intervention and State Sovereignty (ICISS). 2001. *The Responsibility to Protect – Report of the International Commission on Intervention and State Sovereignty*. Ottawa: International Development Research Centre.

Junk, Julian. 2016a. Bringing the Non-Coercive Dimensions of R2P to the Fore: The Case of Kenya. *Global Society*. 30 (1): 54–66.

Junk, Julian. 2016b. Testing Boundaries: Cyclone Nargis in Myanmar and the Scope of R2P. *Global Society*. 30 (1): 78–93.

Kikoler, Naomi. 2015. Guinea: An Overlooked Case of the Responsibility to Prevent in Practice. In *The Responsibility to Prevent: Overcoming the Challenges of Atrocity Prevention*, hrsg. von Serena K. Sharma und Jennifer M. Welsh, 304–323. Oxford: Oxford University Press.

Krieger, Heike. 2015. Das Konzept der Schutzverantwortung. Internationale Sicherheitspolitik. *Informationen zur politischen Bildung* (326): 70–75.
Mani, Rama und Thomas G. Weiss. *2011*. Introduction: Reframing Responsibility – Revisiting Politics and Place. *In Responsibility to Protect: Cultural Perspectives in the Global South*, hrsg. von Rama Mani und Thomas Weiss, 1–22. New York: Routledge.
Marks, Stephen P. und Nicholas Cooper. 2010. The Responsibility to Protect: Watershed or Old Wine in a New Bottle? *Jindal Global Law Review* 2 (1): 86–130.
Prime Minister's Office. 2018. Syria Action – UK Government Legal Position. https://www.gov.uk/government/publications/syria-action-uk-government-legal-position/syria-action-uk-government-legal-position. Zugegriffen: 23. November 2018.
Reike, Ruben. 2014. The „Responsibility to Prevent": An International Crimes Approach to the Prevention of Mass Atrocities. *Ethics and International Affairs*. 28 (4): 451–476.
Reike, Ruben, Serena K. Sharma und Jennifer M. Welsh. 2015. Conceptualizing the Responsibility to Prevent. In *The Responsibility to Prevent: Overcoming the Challenges of Atrocity Prevention*, hrsg. von Serena K. Sharma und Jennifer M. Welsh, 1–20. Oxford: Oxford University Press.
Rice, Susan E. 2010. Keynote Address. In *The UN Security Council and the Responsibility to Protect: Policy, Process, and Practice. Favorita Papers 01/2010*, hrsg. von Hans Winkler, Terje Rød-Larsen und Christoph Mikulaschek, 50–56. Wien: Diplomatische Akademie Wien.
Rudolf, Peter. 2013. Schutzverantwortung und Humanitäre Intervention. *Aus Politik und Zeitgeschichte*. 2013 (37): 12–17.
Schaller, Christian. 2008. Gibt es eine „Responsibility to Protect"? Aus Politik und Zeitgeschichte 2008 (46): 9–14.
Sharma, Serena K. 2015. The Possibilities for Preventive Deployment: The Case of Macedonia. In *The Responsibility to Prevent: Overcoming the Challenges of Atrocity Prevention*, hrsg. von Serena K. Sharma und Jennifer M. Welsh, 280–303. Oxford: Oxford University Press.
Walter, Christian. 2018. Das Gewaltverbot droht Schaden zu nehmen. Der Tagesspiegel vom 18. April 2018. https://www.tagesspiegel.de/politik/nach-dem-militaerschlag-in-syrien-das-gewaltverbot-droht-schaden-zu-nehmen/21185438.html. Zugegriffen: 23. November 2018.
Welsh, Jennifer M. 2016. The Responsibility to Prevent: Assessing the Gap Between Rhetoric and Reality. *Cooperation and Conflict* 51 (2): 216–232

Williams, Abiodun. 2015. The Possibilities for Preventive Deployment: The Case of Macedonia. In *The Responsibility to Prevent: Overcoming the Challenges of Atrocity Prevention*, hrsg. von Serena K. Sherma und Jennifer M. Welsh, 229–249. Oxford: Oxford University Press.

Wissenschaftliche Dienste des Deutschen Bundestages (WD). 2018. *Völkerrechtliche Implikationen des amerikanisch-britisch-französischen Militärschlags vom 14. April 2018 gegen Chemiewaffeneinrichtungen in Syrien*. WD 2 – 3000 – 048/18. Berlin: Deutscher Bundestag.

Zum Potenzial des Konzepts der *Responsibility while Protecting*

Stefan Oeter

1 Einleitung

Das Konzept der *Responsibility while Protecting* (RwP) stellt einen Versuch dar, offene Fragen der Diskussion um die *Responsibility to Protect* (R2P) einer Klärung zuzuführen und auf diese Art die Konzeption der R2P in eine spezifische Richtung hin weiterzuentwickeln, unter Betonung des absoluten Ausnahmecharakters militärischer Intervention als Form kollektiver Durchsetzung der Schutzverantwortung. Der brasilianische Vorstoß der RwP ist aus der spezifischen Situation der kritischen Debatte im Nachgang zur Libyen-Intervention 2011 heraus erwachsen, greift aber Debattenstränge der Diskussion um humanitäre Interventionen, das „droit d'ingérence humanitaire", und die kollektive Verantwortung der Verhinderung von „mass atrocities" aus den 1990er Jahren auf (vgl. Stuenkel und Tourinho 2014, S. 380; Orford 2016, S. 21f.). Will man den Stellenwert der *Responsibility while Protecting*-Initiative und der Reaktionen darauf angemessen bewerten, so muss man die Spezifika der RwP in die Entstehungsgeschichte der R2P und die spezifischen normativen Debatten über die konkreten Gehalte der Schutzverantwortung einbetten.

2 Zum Konzept der *Responsibility to Protect*

Entstanden ist der Gedanke der *Responsibility to Protect* aus der Aufbruchsstimmung der 1990er-Jahre. Endlich werde – so hatte man gedacht – das System der kollektiven Sicherheit der UN-Charta mit Leben gefüllt und der Sicherheitsrat könne nun seiner Aufgabe gerecht werden, Friedensbedrohungen (auch in einem weiten Sinne der Bedrohung grundlegender Normen der Staatengemeinschaft) mit Entschiedenheit entgegenzutreten (vgl. Cohen und Deng 2016, S. 74ff.; Bellamy und Dunne 2016, S. 5). Stellungnahmen des UN-Generalsekretärs Kofi Annan postulierten, Souveränität werde nun neu definiert im Kontext kollektiver Verantwortung – die UN-Charta sei schließlich nie dazu gedacht gewesen, als „Lizenz für Regierungen" zu dienen, auf „Grundwerten der Menschenrechte und der Menschenwürde herumzutrampeln" (zit. nach Roberts 2006, S. 86). Dies löste unweigerlich eine gewisse Skepsis bei Staaten des Globalen Südens aus, hier erfahre im Gewand kollektiver Verantwortung neokoloniale Machtpolitik eine neue Blüte (vgl. Stuenkel und Tourinho 2014, S. 383f.; Mabera und Spies 2016, S. 208ff.); doch solange die Renaissance der kollektiven Sicherheit versprach, einen effektiven Beitrag zur Lösung der globalen Probleme zu leisten, blieben diese Stimmen im Hintergrund. Das Versagen der Staatengemeinschaft in den Fällen Bosnien und Ruanda gab jedoch eher wenig Anlass zur Hoffnung, nun werde alles besser. Doch erst die Lähmung des Sicherheitsrates in der Kosovo-Frage und der Rückgriff der westlichen Staaten auf klassische Formen unilateraler militärischer Intervention (vgl. Rodley und Cali 2007, S. 278ff.) gaben der kritischen Debatte über die neokolonialen Züge einer Politik humanitärer Intervention neue Nahrung (vgl. Hehir 2008, S. 33ff., 76ff.; Orford 2016, S. 19ff.).

Die Position der NATO-Staaten, im Ernstfall sei man auch jenseits des Systems kollektiver Sicherheit der UN-Charta zu einer einseitigen militärischen Intervention berechtigt,[1] fand im UN-Kontext massive Kritik, vor allem von Staaten des Globalen Südens. Der Gedanke der kollektiven Verantwortung in der Verhinderung eklatanter Fälle von *mass atrocities* drohte im Sog dieser Debatte unterzugehen. Auf dieses Dilemma reagierte die kanadische Regierung mit der Einsetzung der *International Commission on Intervention and State Sovereignty* (ICISS) unter der Leitung von Gareth Evans und Mohamed Sahnoun.[2] Ergebnis der Beratungen dieser Kommission war bekanntermaßen die Formulierung des Konzepts der *Responsibility to Protect* (vgl. Bellamy 2011, S. 9ff.; Thakur 2016, S. 106ff.). Dabei stellte der Abschlussbericht der ICISS mit den zwei Säulen der Prävention und des Schutzes stark auf die primäre Verantwortung der Staaten für den Schutz ihrer eigenen Bevölkerung ab, während die dritte Säule der (komplementären) Durchsetzung der Schutzverantwortung durch die Staatengemeinschaft, sofern der jeweilige Staat seiner Schutzverantwortung nicht nachkommt, eher nachrangig behandelt wurde (vgl. ICISS 2001, S. XI). Die ICISS unternahm damit ganz gezielt den Versuch, den Diskurs weg vom „Recht zu intervenieren" hin zur „Verantwortung zum Schützen" zu verschieben (vgl. Bohm 2016, S. 218). Die Frage der (sekundären) Befugnis zur militärischen Intervention im Interesse der Durchsetzung der Schutzverantwortung blieb damit bewusst relativ offen, wenn auch versehen mit einer Reihe von

---

1 Vgl. Junk (2014, S. 538ff.); kritisch zu dieser Position O'Connell (2011, S. 74ff.) und Hehir (2013, S. 83ff.).

2 Vgl. Bellamy und Dunne (2016, S. 6); Stuenkel und Tourinho (2014, S. 384) sowie Brunnée und Toope (2010, S. 194ff.).

einschränkenden Kriterien. An diesem Punkt zeigte eine größere Zahl von Staaten des Globalen Südens erkennbare Reserven (vgl. Stuenkel und Tourinho 2014, S. 384f.; Bellamy 2011, S. 25), wenn auch das Konzept insgesamt eine recht positive Aufnahme in der internationalen Politik fand.

Im weiteren Verlauf war es vor allem dem Geschick des Generalsekretärs Kofi Annan zu verdanken, dass das Konzept (mit bestimmten Modifikationen) zunächst allseitige Akzeptanz fand (vgl. Stuenkel und Tourinho 2014, S. 380). Es gelang ihm, Grundgedanken der R2P im Abschlussdokument des UN-Weltgipfels 2005 zu platzieren und im Konsens bestätigen zu lassen (vgl. Hilpold 2013, S. 30; Stuenkel und Tourinho 2014, S. 385f.). Die Paragrafen 138 und 139 des Abschlussdokuments verankerten ein etwas abgeschwächtes Modell der R2P, das die Reichweite der Schutzverantwortung auf vier besonders gravierende Formen der Menschenrechtsverletzungen begrenzte – Genozid, Kriegsverbrechen, ethnische Säuberung und Verbrechen gegen die Menschlichkeit.[3] Zugleich enthielt das Dokument, das wenig später auch als Resolution 60/1 der UN-Generalversammlung angenommen wurde, jedoch keinerlei einschränkende Kriterien für die Anwendung militärischer Gewalt im Kontext der R2P mehr (vgl. Prawde 2014, S. 190).

Der terminologische Rahmen der drei Säulen fand in dem Bericht des UN-Generalsekretärs von 2009 zur „Implementing the Responsibility to Protect" seine endgültige Ausprägung (vgl. Prawde 2014, S. 192). Im Zentrum der R2P stehen demnach als Säulen (1) die vorrangige Verantwortung der Staaten, ihre Bevölkerung vor den im Abschlussdokument genannten Verbrechen zu schützen,

---

3   Vgl. Hilpold (2013, S. 14f.); Stuenkel und Tourinho (2014, S. 387f.); Bellamy und Dunne (2016, S. 7f.); ferner als Plädoyer für diese Begrenzung Bellamy (2013, S. 35ff.).

(2) die Pflicht der Staaten, sich gegenseitig beim Aufbau der für die Wahrnehmung dieser Verantwortung erforderlichen Kapazitäten zu unterstützen, sowie (3) die Verantwortung der internationalen Gemeinschaft, rechtzeitig und entschlossen Maßnahmen im Einklang mit der UN-Charta zum Schutz der Bevölkerung zu ergreifen, wenn der jeweilige Staat dieser Verantwortung nicht nachkommt (UN-Dok. A/63/677 vom 12. Januar 2009, paras. 11ff.).

3 Die Libyen-Intervention 2011 und der brasilianische Vorschlag der *Responsibility while Protecting*

Die Kritik an der dritten Säule einer etwaigen militärischen Durchsetzung der Schutzverantwortung war selbst nach dem Bericht des Generalsekretärs 2009 nicht verstummt (vgl. Stuenkel und Tourinho 2014, S. 388f.). Neue Nahrung erhielt sie mit den Vorgängen in Libyen 2011, die in der Sicherheitsratsresolution 1973 vom 17. März 2011 gipfelten (vgl. Stuenkel und Tourinho 2014, S. 390ff.). Als Präsident Muammar al-Gaddafi im Kontext des Arabischen Frühlings der aufständischen Bevölkerung in der Cyrenaika mit einem Massaker drohte, ermächtigte der UN-Sicherheitsrat nach langer und komplexer Debatte eine Koalition westlicher Staaten zu militärischen Zwangsmaßnahmen unter Kapitel VII, wenn auch eng begrenzt auf Maßnahmen zum Schutz der Zivilbevölkerung (vgl. Brockmeier et al. 2016, S. 116ff.). Die in Umsetzung dieser Resolution angelaufene Militärintervention Großbritanniens, Frankreichs und der USA ließ jedoch bald erkennen, dass die strategischen Zielsetzungen der Interventionsmächte weit über den Schutz der Zivilbevölkerung hinausgingen und auf einen Regimewechsel zielten, der mit dem Sturz Gaddafis (und dessen anschließender Ermordung) auch bewirkt wurde (vgl. Brockmeier et al. 2016, S. 120ff). Die offensichtliche Überdehnung des Mandats, das in starker Anlehnung an die Terminologie der *Responsibility to Protect* formuliert worden war (vgl. Merkel 2011, S. 771ff.; Prawde 2014, S. 195; Bellamy und Dunne 2016, S. 10), stieß auf heftige Kritik nicht nur Russlands und Chinas, die sich getäuscht sahen, sondern auch vieler Staaten des Globalen Südens (vgl. Stuenkel und Tourinho 2014, S. 391; Welsh 2016, S. 75ff.). Die Erfahrung mit der Resolution 1973 schien die alte Skepsis gegenüber der dritten Säule der R2P vollauf zu bestätigen, zeigte sie doch demonstrativ das Missbrauchspotenzial einer zum Schutz der Zivilbevölkerung erteilten Kapitel VII-Ermächtigung (vgl. Tourinho et al. 2016, S. 135ff.). Im Nachgang des Einsatzes kritisierten die BRICS-Staaten[4] vehement die Überschreitung des Mandats durch die NATO und die damit verbundene, manipulative Ausnutzung der R2P (vgl. Garwood-Gowers 2013, S. 305). Die breit geäußerte Kritik lief jedoch nicht durchwegs auf eine grundlegende Infragestellung des Konzepts der R2P an sich oder der grundsätzlichen Anwendbarkeit der R2P auf den Libyen-Fall hinaus, sondern war vielmehr Ausdruck der Unzufriedenheit über die missbräuchliche Umsetzung der Schutzverantwortung (vgl. Tourinho et al. 2016, S. 137).

Das von vielen Staaten geteilte Missfallen über das einseitige Vorgehen der westlichen Militärmächte war Anlass für die RwP-Initiative Brasiliens.[5] Das Konzeptpapier zur *Responsibility while Protecting* wurde von Brasiliens Außenminister Antonio Patriota selbst entworfen (vgl. Stuenkel 2016, S. 624), von Präsidentin Dilma Rousseff im September 2011 auf der jährlichen Sitzung der UN-Generalversammlung vorgestellt und schließlich von der

---

4 Als BRICS-Staaten werden die Schwellenländer Brasilien, Russland, Indien, China und Südafrika bezeichnet.
5 Vgl. Stuenkel (2016, S. 622ff.); Evans (2016, S. 927); Pattison (2013, S. 1); Benner (2012, S. 254).

UN-Botschafterin Maria Luiza Riberio Viotti im UN-Sicherheitsrat als Dokument „Responsibility while Protecting: Elements for the Development and Promotion of a Concept" im November 2011 präsentiert (UN-Dok. A/66/551 – S/2011/701 vom 11. November 2011). Brasilien weist selbst in dem Konzeptpapier darauf hin, dass es wachsenden Unmut unter der Mehrzahl der Staaten im Blick auf die missbräuchliche Nutzung des R2P-Konzepts gebe (vgl. Dahlhaus 2015, S. 222). In der brasilianischen Initiative kommt mithin die Stimme der *emerging powers* des Südens zum Ausdruck, die ein gehöriges Maß an Skepsis gegenüber den klassischen Doktrinen zur Rechtfertigung unilateraler humanitärer Interventionen erkennen lassen (vgl. Tourinho et al. 2016, S. 139ff.). Zugleich stellt das Konzeptpapier jedoch ein Gesprächsangebot des Globalen Südens an die westlichen Staaten dar, in einem Prozess weiterer normativer Konkretisierung eine Verständigung über die Bedingungen einer (ausnahmsweisen) militärischen Intervention zur Durchsetzung der R2P zu erzielen.

Was ist nun der Inhalt des Vorschlages? Brasilien erkennt im Konzeptpapier das Bestehen einer Schutzverantwortung grundsätzlich an (vgl. Benner 2012, S. 251). Es bezieht sich explizit auf die in den Paragrafen 138 und 139 des Abschlussdokuments des UN-Weltgipfels 2005 statuierten Grundsätze der R2P und greift das Vokabular der drei Säulen der Schutzverantwortung auf (Konzeptpapier paras. 3–5). Zugleich betont Brasilien jedoch auch die Gefahren, die mit militärischen Interventionen einhergehen und streicht das Missbrauchspotenzial der R2P in seiner ursprünglichen, recht weiten Fassung heraus (Konzeptpapier, paras. 9–10). Im Kern stellt das Konzeptpapier daher Richtlinien zur Umsetzung der R2P auf. In seinen Anforderungen kann der Vorschlag weitgehend in drei grundlegende Gruppen von Vorgaben aufgeteilt werden: (1) die Einhaltung einer strikt chronologischen Sequenzierung der drei Säulen der R2P, einhergehend mit dem Vorrang präventiver und gewaltfreier Maßnahmen, (2) die Beachtung strenger Kriterien für die Gewaltanwendung im Rahmen der R2P und (3) die strikte Überwachung der Durchführung von militärischen Maßnahmen durch den Sicherheitsrat (Konzeptpapier, para. 11; vgl. auch Kenkel und Stefan 2016, S. 48; Stuenkel 2016, S. 624f.).

4 Die *Responsibility while Protecting* als spezifische Weiterentwicklung der R2P?

Der normative Stellenwert der brasilianischen RwP-Initiative ist recht umstritten (vgl. Bohm 2016, S. 133; von Arnauld 2014, S. 62; Labonte 2016, S. 133ff.). Ein Teil des Schrifttums vertritt die Auffassung, überwiegend seien die im Konzeptpapier artikulierten Prinzipien ohnehin bereits Bestandteil der Grundsätze der R2P und brächten daher letztlich nicht viel Neues (vgl. Almeida 2013, S. 9; Passarelli Hamann 2012, S. 80; Stefan 2017, S. 95). Wie bei den Grundsätzen der R2P selbst ist klar, dass es sich bei den Dokumenten zur R2P zunächst um Formen allenfalls eines *soft law* handelt, die (noch) keinerlei rechtliche Verbindlichkeit beanspruchen können.[6] Zugleich ist aber auch unstrittig, dass das Konzept der R2P (und in deren Gefolge die RwP) allgemeine Grundsätze des Völkerrechts und elementare Grundnormen des Völkergewohnheitsrechts zusammenstellt und in einer neuen, amalgamierten Form den Staaten vorhält. – Grundsätze, die ohne Zweifel seit Jahrzehnten zentrale Bestandteile des geltenden Völkerrechts bilden (vgl. auch Österdahl 2013, S. 485). Dies gilt für die aus der Souveränität erwachsende (und von den Menschenrech-

---

6 Vgl. Hilpold (2013, S. 25ff.); von Arnauld (2014, S. 55ff.); Welsh und Banda (2010, S. 213ff.); Eaton (2011, S. 794ff.); Brunnée und Toope (2010, S. 203ff.).

ten, vor allem in Form der Schutzpflichten, besonders betonte) Verantwortung des Staates zum Schutz der zivilen Bevölkerung vor *mass atrocitities* (vgl. Rodley 2016, S. 186ff.). Und dies gilt für die ehernen Grundsätze des Gewaltverbots, die jenseits der engen Grenzen der Selbstverteidigung militärische Gewaltanwendung nur im Kontext von Kapitel VII der UN-Charta zulassen (vgl. Henderson 2013, S. 120ff.).

Dies bedeutet nicht, dass die konkrete Gestalt des anwendbaren Rechts im Detail immer unstrittig wäre – ganz im Gegenteil. Nicht zuletzt zeigt die völkerrechtliche Praxis in der Umsetzung der Gedanken der R2P diese Divergenzen in der Wahrnehmung und Konstruktion der Grundzüge des geltenden Rechts (vgl. Eaton 2011, S. 794ff.). Die Absicht Brasiliens bei Vorlage der RwP-Initiative war es erklärtermaßen, die Auffassungsunterschiede im Blick auf das geltende Recht (wie die konkrete Bedeutung der R2P) zu überbrücken und durch bestimmte Konkretisierungen zu einem breiteren Konsens über die Grundzüge der R2P beizutragen (vgl. Benner 2012, S. 254). Dies beinhaltet unweigerlich auch Impulse zur Weiterentwicklung der R2P. So stellte Brasilien in der Debatte der Generalversammlung zum Bericht des UN-Generalsekretärs zur dritten Säule der R2P im September 2012 ausdrücklich klar, dass die RwP in den Rahmen der R2P integriert werden solle und auf dem im Abschlussdokument des Weltgipfels 2005 gefundenen Konsens basiere. Grundsätzlich wolle man mit dem RwP-Konzept die R2P ergänzen und nicht ersetzen (vgl. Garwood-Gowers 2013, S. 314).

Aus brasilianischer Sicht zielt das Konzept der RwP auf eine Alternative zu Kapitel VII-Maßnahmen, mit einem klaren Fokus auf Konfliktprävention, der Erschöpfung aller friedlichen Mittel der Streitbeilegung und der Suche nach diplomatischen Lösungen (vgl. Kotyashko et al. 2018). Im Hintergrund steht das Missbrauchspotenzial zu forscher Deutungen der R2P, die – wenn man als *ultima ratio* in sie die Befugnis zu militärischer Gewaltanwendung hineinliest – den Großmächten Optionen zur einseitigen Intervention mit genuin politischer Motivation (*regime change*) eröffnet, de facto weitgehend außerhalb der Kontrolle der UN-Institutionen. Brasilien betont dementsprechend im Konzeptpapier die Notwendigkeit des Vorrangs präventiver und diplomatischer Mittel und streicht heraus, dass der Schwerpunkt bei der Operationalisierung der ersten beiden Säulen der R2P liegen sollte (Konzeptpapier paras. 11 a, b; vgl. auch Stuenkel und Tourinho 2014, S. 392; Tuffi Saliba et al. 2015, S. 45ff.). Eine wirkliche Neuerung gegenüber den älteren Versionen der R2P liege – so Andreas S. Kolb (2012, S. 11) und Paula W. Almeida (2013, S. 13) – darin nicht.

Gleiches gilt nicht für den von Brasilien in den Vordergrund gerückten Gedanken einer strikten chronologischen Sequenzierung der ersten, zweiten und dritten Säule der R2P. Die Anwendung militärischer Gewalt soll damit erst nach vergeblichem Bemühen um Anwendung der ersten beiden Säulen der Prävention erfolgen dürfen – ein Gedanke, der auch in der allgemeinen Debatte zum Verhältnis von präventiver Diplomatie und Zwangsmaßnahmen nach Kapitel VII prominent vertreten wird. Ältere Versionen der R2P waren an diesem Punkt deutlich großzügiger. So verlangt Paragraf 139 des Abschlussberichts des UN-Weltgipfels 2005 lediglich als Voraussetzung für die Anwendung kollektiver (militärischer) Maßnahmen, dass die nationalen Behörden offensichtlich darin scheitern, ihre Bevölkerung vor Völkermord, Kriegsverbrechen, ethnischer Säuberung und Verbrechen gegen die Menschlichkeit zu schützen und friedliche Methoden nicht angemessen erscheinen, um die Bedrohung abzuwehren (vgl. Kolb 2012, S. 12). Darüber hinaus verlangt derselbe Paragraf 139 nur, dass kollektive Zwangsmaßnahmen im Einklang mit der Charta getroffen werden – was nach herrschender Auffassung keine Erschöpfung aller friedlichen Mittel voraussetzt, sondern lediglich die Einschätzung des Sicherheitsrates, dass friedliche Mittel zur

Abwendung der Friedensbedrohung unzulänglich seien (vgl. Kolb 2012, S. 13). Ausfluss der geltenden Rechtslage ist der Gedanke einer strikten Sequenzierung damit nicht – ein Punkt, den Brasilien später eingeräumt hat, als es angesichts massiver Kritik vom Gedanken einer strikten Sequenzierung abrückte (vgl. Kolb 2015, S. 87; Almeida 2013, S. 15).

Im Kern versucht das Konzept der RwP also zunächst, das Vorgehen der intervenierenden Akteure an einen Satz von Verfahrensregeln und Prinzipien abgestimmten multilateralen Handelns zu binden, der nicht nur unilateralen Formen der Gewaltanwendung entgegenwirkt, sondern auch auf der Zeitschiene einen zu schnellen Rückgriff auf Optionen der militärischen Intervention einzudämmen sucht (vgl. Stuenkel und Tourinho.2014, S. 392). Die Grundzüge der R2P bleiben dabei erhalten, werden in der Tendenz nur sehr strikt interpretiert, insbesondere im Vorrang der primären Verpflichtung der Staaten gegenüber ihren Bürgerinnen und Bürgern und der Pflicht zur Hilfeleistung seitens anderer Staaten bei der Erfüllung dieser Schutzpflicht. Gedanklich führt dies zur Beschränkung des Einsatzes militärischer Gewalt von außen auf extreme Ausnahmefälle, mit einer strikten Prärogative des Sicherheitsrates in der Ermächtigung von Gewaltmaßnahmen (vgl. Stuenkel und Tourinho 2014, S. 392).

Jenseits dieser Betonung der Grundarchitektur der R2P liegt der Schwerpunkt der RwP auf prozeduralen Vorkehrungen, vor allem auf der strikten Betonung des *ultima ratio*-Charakters jeder Gewaltanwendung (vgl. Stuenkel und Tourinho 2014, S. 392). Der *ultima ratio*-Gedanke hatte im Prinzip schon die ICISS-Version der R2P von 2001 (§ 4.37f.) geprägt. Inhaltlich weicht dieser von den Vorgaben des Kapitel VII ab, da bei entsprechender Einschätzung des Sicherheitsrates eine überlegene Effektivität militärischer Maßnahmen für eine Mandatierung unter Kapitel VII ausreicht, ohne dass hier strikte Kriterien einer *ultima ratio* erfüllt sein müssen (vgl. Österdahl 2013, S. 468f.). Darüber hinaus fordert das Konzept der RwP, dass die Autorisierung von Gewaltanwendung in ihren rechtlichen, operativen und zeitlichen Elementen begrenzt sein, der Geist des Mandats strikt befolgt werden und dabei geltendes Völkerrecht – insbesondere das *ius in bello* – strikt eingehalten werden müsse (Konzeptpapier para. 11 d). Zudem wird gefordert, dass bei der Anwendung militärischer Gewalt die Handlungen verhältnismäßig sein müssen und Gewalt nur zur Erreichung der vom Sicherheitsrat explizit bestimmten Ziele genutzt werden dürfe (Konzeptpapier para. 11f). Des Weiteren solle die Anwendung von Gewalt nie mehr Leid nach sich ziehen als umgekehrt an Leid der Zivilbevölkerung verhindert werde (*Do-no-harm*-Prinzip). Ob all diese (gutgemeinten) Vorgaben wirklich über das geltende Recht hinausführen, ist auch bezweifelt worden (vgl. etwa Peters 2013, S. 176). So handle es sich hier „um alten Wein in neuen Schläuchen" (Passarelli Hamann 2012, S. 80) und die RwP beinhalte insoweit keine wirklich neuen Elemente (vgl. Benner 2012, S. 252; Stefan 2017, S. 95; Pattison 2013, S. 18f.). Im Grundsatz ist dieser Hinweis wohl berechtigt – wenn auch die modalen Grenzen der Gewaltanwendung in den älteren Versionen der R2P nicht explizit gemacht wurden, sondern sich nur aus allgemeinen Grundsätzen und ergänzenden Regeln des *ius in bello* ergeben, damit anfällig bleiben für manipulative Auslegungen in Leugnung dieser Grenzen.

Als konkrete Fortentwicklung kann die Forderung nach einer umfassenden Analyse der möglichen Konsequenzen einer militärischen Intervention auf einer Fall-zu-Fall-Basis gesehen werden (Konzeptpapier para. 7). Eine solche Analyse als Grundlage zur Entscheidungsfindung ist in keiner der älteren Versionen der R2P verankert (vgl. Dahlhaus 2015, S. 222). Mit dieser Voraussetzung wird die Autorisierung der Gewaltanwendung an eine angemessene Informationslage geknüpft, um die möglichen Schäden einer militärischen Intervention zu reduzieren und sicherzustellen, dass die Intervention den Konflikt nicht verschärft.

Die vermutlich bedeutendste Innovation des RwP-Konzepts ist die Forderung nach Kontrollmechanismen zur Überwachung und Auswertung der vom Sicherheitsrat mandatierten Einsätze, aber auch die ergänzende Forderung, dass der Sicherheitsrat die Verantwortlichkeit der intervenierenden Staaten garantieren müsse (Konzeptpapier paras. 11 h, i). Dem Sicherheitsrat kommt in dieser Konzeption die Rolle einer Aufsichtsbehörde zu, die über die Ausführung von Kapitel VII-Maßnahmen im Rahmen der R2P wacht (vgl. Dahlhaus 2015, S. 223) und so eine Überschreitung des Mandats verhindert (vgl. Quinton-Brown 2013, S. 65). Letztlich soll so die Transparenz militärischer Operationen in Umsetzung der R2P garantiert werden, ebenso wie die *accountability* der diese Operationen durchführenden Militärmächte. Dieses im RwP-Konzeptpapier aufgestellte Kontrollerfordernis geht mit Sicherheit über den aktuellen Stand des Rechts hinaus (vgl. Peters 2013, S. 177f.).

5 Die Bewertung der Vorschläge und die Reaktion der Staatengemeinschaft

Vor allem die Vorstellung einer andauernden Überwachung einmal autorisierter Interventionen mit der Bindung an konkretisierende weitere Entscheidungen des Sicherheitsrates ist auf großen Widerstand bei westlichen Staaten gestoßen (vgl. Stuenkel 2016, S. 625f.). Während Russland und China dem Konzept der *Responsibility to Protect* reserviert gegenüberstehen und militärische Maßnahmen in Durchsetzung der Schutzverantwortung eher ablehnen (vgl. Prawde 2014, S. 204f.; Stuenkel 2016, S. 627; Kotyashko et al. 2018), hatten sich die westlichen Militärmächte tendenziell Rückenwind für ihre Vorstellungen einer verbesserten Durchsetzung der Schutzverantwortung über humanitäre Interventionen erwartet. Diese Hoffnungen wurden mit dem brasilianischen Vorschlag eindeutig enttäuscht. Die strenge Rückbindung eventueller militärischer Maßnahmen der dritten Säule an das System der kollektiven Sicherheit der UN-Charta und das Erfordernis einer Kapitel VII-Mandatierung durch den Sicherheitsrat, die starke Betonung des *ultima ratio*-Charakters jeglicher Gewaltanwendung, vor allem aber die Vorstellungen einer strengen Rückbindung jeglicher Intervention in Umsetzung der R2P an eine enge Begleitkontrolle des Sicherheitsrates engte in der Sicht der klassischen Interventionsmächte den rechtlichen Rahmen noch weiter ein als dies ohnehin schon im geltenden Völkerrecht der Fall ist (vgl. zur Kritik Stuenkel 2016, S. 625ff.).

Ausdruck findet im RwP-Papier letztlich die im Grundansatz zwar gegenüber militärischen Interventionen eher skeptische, im Blick auf die R2P selbst aber eher freundliche Position des Globalen Südens (vgl. Mabera und Spies 2016, S. 208ff.; Evans 2016, S. 914ff.). Als zurückhaltende Fassung der R2P mit starkem Bemühen um eine Zurückdrängung des Rückgriffs auf militärische Gewalt (als Medium der Durchsetzung der R2P) drückt das Konzept der RwP ohne Zweifel die Stimmungslage und Befindlichkeiten der Drittweltstaaten aus (vgl. Tourinho et al. 2016, S. 139ff.). Wenn es gelingen soll, in den Vereinten Nationen einen stabilen normativen Konsens über die R2P und den Einsatz militärischer Gewalt als *means of last resort* zu finden, dann wird man das Konzept der RwP als Versuch eines Brückenschlags zwischen Norden und Globalem Süden sehen müssen, als einzig mögliche Grundlage einer Verständigung. Die normativen Bedenken und Einwände des Globalen Südens müssen insoweit ernst genommen werden. Die Geschichte militärischer Interventionen der letzten zwei Jahrzehnte, meist (vorgeblich) zum Schutz der Zivilbevölkerung und zur Durchsetzung von Demokratie und *rule of law*, kann nur als Abfolge politischer Katastrophen beschrieben werden (vgl. nur Stewart und Knaus 2012, S. 91ff.). Die politischen Ziele einer Besserung des Loses der Zivilbevölkerung sind fast nie erreicht worden. Im Gegenteil: An vielen Stellen ist eine dramatische Verschlechterung der humanitären Situation die Folge dieser Interventionen gewesen.

Dies übersieht die harsche Kritik, die aus den Reihen westlicher Militärmächte am brasilianischen Vorschlag geübt wurde, geflissentlich. Die drei Säulen der R2P seien – so schallte es dem RwP-Vorschlag entgegen – im Prinzip gleichrangig und ließen Raum für eine Durchsetzung der Schutzverantwortung auch mit militärischen Mitteln (vgl. McDougall 2014, S. 80). Die vehement geäußerten Einwände, die Kautelen der RwP machten den Rückgriff auf militärische Interventionen zu kompliziert und schadeten so letztlich der Durchsetzung der R2P (vgl. Stuenkel 2016, S. 626), sind jedoch nur bedingt einleuchtend. Schon die Katastrophengeschichte der (oft recht leichtfertigen) Rückgriffe auf das Instrument humanitärer Interventionen müsste ein gehöriges Maß an Zurückhaltung und skeptischer Analyse lehren – einer Zurückhaltung mit daraus resultierender Forderung nach sorgfältiger Folgenanalyse, die das brasilianische RwP-Papier durch und durch prägt. Wahrhaft einschränkende Wirkung kommt der mit der RwP transportierten Interpretation der R2P nur zu, wenn man in das Konzept der R2P auch eine Befugnis zur unilateralen humanitären Intervention hineinliest – eine Befugnis, die jedenfalls aus Sicht des Globalen Südens in der R2P definitiv nicht angelegt war.

Dies bedeutet nicht, dass es keine berechtigte Kritik an Details des brasilianischen Vorschlags gibt. So hat etwa der Sonderberater des UN-Generalsekretärs für die Schutzverantwortung, Edward Luck (2012), mit beachtlichen Argumenten Kritik am Konzept einer strikten chronologischen Sequenzierung geübt und die Relevanz einer „zeitlichen und entschlossenen" Reaktion betont. Auch der

UN-Generalsekretär betonte in seinem Bericht von 2012 zur R2P die Notwendigkeit einer frühzeitigen und flexiblen Reaktionsmöglichkeit auf eklatante Verletzungen der Schutzverantwortung, wenn er auch dem brasilianischen Konzeptpapier attestierte, „nützliche Katalysatoren für weitere Diskussionen" geliefert zu haben.

Angesichts der sehr zwiespältigen Aufnahme des Konzepts hat Brasilien sich in der Folgezeit nicht mehr allzu stark engagiert im Propagieren der Vorschläge der RwP (vgl. Stuenkel und Tourinho 2014, S. 394f.), wenn auch ersichtlich ist, dass die brasilianische Regierung die Grundstoßrichtung des Vorschlags weiterhin für richtig hält – ebenso wie eine Reihe weiterer Staaten vor allem des Globalen Südens, die nach wie vor hinter dem Konzept stehen (vgl. Stuenkel 2016, S. 627ff.).

6 Ausblick: Eine friedensethische Sicht auf die *Responsibility while Protecting*

Die kurze Geschichte der RwP hinterlässt ein gewisses Gefühl der Ratlosigkeit. Ohne Zweifel war der brasilianische Vorschlag gut gemeint und stieß zunächst auch auf breite Resonanz, da er einen Ausweg aus der verfahrenen Lage nach der Libyen-Intervention zu bieten schien (vgl. Stuenkel 2016, S. 626f.). Aus Sicht Russlands, Chinas und der Staaten des Globalen Südens war die R2P tendenziell diskreditiert als rhetorisches Vehikel einer Politik militärischer Intervention. Wollte man den Grundgedanken der R2P retten, so bedurfte es eines normativen Konsenses über die Grenzen der dritten Säule, also der zwangsweisen militärischen Durchsetzung der Schutzverantwortung (vgl. Stuenkel 2016, S. 627f.). Im Kern war die brasilianische Initiative ein Versuch, genau diesen Konsens anzustoßen (vgl. Welsh et al. 2013; Tourinho et al. 2016, S. 143ff). In einigen Details ging der Vorschlag sicherlich zu weit

– so distanzierte Brasilien sich später selbst vom Gedanken einer rigiden Sequenzierung der drei Säulen. Auch die vorgeschlagene enge Rückbindung jeder Form mandatierter Intervention an eine Begleitkontrolle des Sicherheitsrates war in der ursprünglich gedachten Form nur schwer praktikabel. In der Grundanlage war der Vorschlag aber ohne Zweifel sinnvoll und hat das Potenzial, als Katalysator weiterer Normentwicklung zu dienen (so auch Evans 2016, S. 916ff.).

Dass Brasilien sich im weiteren Verlauf der Debatte vom eigenen RwP-Vorschlag distanzierte beziehungsweise ihn nicht mehr mit wirklicher Verve weiter verfolgte, hing eher mit innenpolitisch-institutionellen Faktoren und einem opportunistischen Bestreben, nicht zu stark bei den Großmächten anzuecken, zusammen als mit prinzipiellen Gründen normativer Natur (vgl. Stuenkel und Tourinho 2014, S. 394ff.). Dieser Rückzug ist bedauerlich, da es in Sachen R2P unzweifelhaft noch weiterer Versuche fortschreitender Konsensbildung bedarf. Ohne weitreichenden Konsens über die Grundsätze der R2P wird es schwerfallen, die gegenwärtige Lähmung des Systems kollektiver Sicherheit zu überwinden – und damit auch den praktischen Ausfall der Schutzverantwortung in besonders dramatischen Fällen systematischer Völkerrechtsverbrechen wie in Syrien und Jemen (vgl. Evans 2016, S. 927).

Will man einen Rest an Handlungsfähigkeit des Sicherheitsrates unter Kapitel VII sichern, so wäre ein weitreichender normativer Konsens über das Verhältnis von R2P und militärischer Intervention (als *ultima ratio*) zwingend erforderlich. Dieser würde auch die Blockademächte in den Reihen der P5 unter Druck setzen, die ihre Vetobefugnisse evident nur zum Schutz ihrer politischen Klienten einsetzen, gleichgültig wie stark deren Handeln Grundgedanken der R2P missachtet (vgl. hierzu Oeter 2015, S. 359ff.). Nur wenn es gelingt, die Ausübung des Vetos normativ im Sinne einer *responsibility not to veto* einzugrenzen (vgl. Blätter und Williams 2011,

S. 301 ff.; Morris und Wheeler 2016, S. 227 ff.), besteht eine reale Möglichkeit, dass der Sicherheitsrat seiner zentralen Aufgabe im System der kollektiven Sicherheit der UN-Charta auch wirklich gerecht wird. Der vor einigen Jahren unternommene Vorstoß Frankreichs, einen *Code of Conduct* für die Ausübung des Vetos zu entwickeln, stieß auf eher ungnädige Reaktionen der anderen ständigen Mitglieder des Sicherheitsrats (vgl. Bellamy und Dunne 2016, S. 13) – was allerdings die Erosion der Legitimationsgrundlagen des UN-Systems kollektiver Sicherheit noch beschleunigt.

Vieles spricht insofern dafür, den brasilianischen Vorstoß der RwP aufzunehmen und zur Grundlage weiterer Bemühungen um normative Konsensbildung zu nehmen. Der Vorschlag der RwP verspricht eine normative Leerstelle zu füllen, die im Bereich der dritten Säule der R2P verblieben ist und jegliche Option einer militärischen Durchsetzung der Schutzverantwortung missbrauchsanfällig für Versuchungen klassischer Interventionspolitik der Groß- und Regionalmächte hat werden lassen (vgl. Pradetto 2015, S. 28 ff.). Indem das Konzept der RwP die dritte Säule der R2P mit tradierten Kriterien gewaltbegrenzender Ethik der Lehre vom gerechten Krieg anreichert, eröffnet sie die Möglichkeit, die heikle Frage gewaltsamer Intervention einer friedensethisch plausiblen Lösung zuzuführen (vgl. Schmidt 2015, S. 139 ff.; ferner Hoppe und Schlotter 2017, S. 697). Der Preis dafür wäre allerdings, dass die Siegermächte des Zweiten Weltkriegs, die sich über ihre Sonderstellung als Vetomächte im Sicherheitsrat eine privilegierte Position im System der kollektiven Sicherheit verschafft haben, die Bereitschaft aufbrächten, den diskretionären Rückgriff auf militärische Gewalt gegenüber Dritten massiv einzuschränken. Ohne diesen Schritt wird ein breiter Konsens über die R2P, gerade im Blick auf die dritte Säule, nicht herzustellen sein.

Literatur

Almeida, Paula W. 2013. From Non-Indifference to Responsibility while Protecting: Brazil's Diplomacy and the Search for Global Norms. https://www.saiia.org.za/occasional-papers/10-from-non-indifference-to-responsibility-while-protecting-brazil-s-diplomacy-and-the-search-for-global-norms/file. Zugegriffen: 31. Mai 2018.

Arnauld, Andreas von. 2014. *Völkerrecht*. 2. Aufl. Heidelberg: C. F. Müller.

Bellamy, Alex J. 2011. *Global Politics and the Responsibility to Protect: From Words to Deeds*. New York: Routledge.

Bellamy, Alex J. 2013. Responsibility to Protect: A Wide or Narrow Conception? In *Die Schutzverantwortung (R2P). Ein Paradigmenwechsel in der Entwicklung des internationalen Rechts?*, hrsg. von Peter Hilpold, 35–58. Leiden und Boston: Nijhoff.

Bellamy, Alex J. und Tim Dunne. 2016. R2P in Theory and Practice. In *The Oxford Handbook of the Responsibility to Protect*, hrsg. von Alex J. Bellamy und Tim Dunne, 3–19. Oxford: Oxford University Press.

Benner, Thorsten. 2012. Brasilien als Normunternehmer: die „Responsibility while Protecting". *Vereinte Nationen* 60 6): 251–256.

Blätter, Ariella und Paul D. Williams. 2011. Responsibility Not to Veto. *Global Responsibility to Protect* 3 (3): 301–322.

Bohm, Alexandra. 2016. Security and International Law: The „Responsibility to Protect". In *Security and International Law*, hrsg. von Mary E. Footer, Julia Schmidt, Nigel D. White und Lydia Davies-Bright, 115–137. Oxford: Hart.

Brockmeier, Sarah, Oliver Stuenkel und Marcos Tourinho. 2016. The Impact of the Libya Intervention Debates on Norms of Protection. *Global Society* 30 (1): 113–133.

Brunnée, Jutta und Stephen J. Toope. 2010. *Legitimacy and Legality in International Law. An Interactional Account*. Cambridge: Cambridge University Press.

Cohen, Roberta und Francis M. Deng. 2016. Sovereignty as Responsibility: Building Block for R2P. In *The Oxford Handbook of the Responsibility to Protect*, hrsg. von Alex J. Bellamy und Tim Dunne, 74–93. Oxford: Oxford University Press.

Dahlhaus, Nora. 2015. The Responsibility while Protecting: Brazil's Attempt to Frame the R2P Debate. In *Schutzverantwortung in der Debatte*

- Die „Responsibility to Protect" nach dem Libyen-Dissens, hrsg. von Michael Staack und Dan Krause, 217–228. Opladen: Barbara Budrich.
Eaton, Jonah. 2011. An Emerging Norm – Determining the Meaning and Legal Status of the Responsibility to Protect. *Michigan Journal of International Law* 32 (4): 765–804.
Evans, Gareth. 2016. R2P – The Next Ten Years. In *The Oxford Handbook of the Responsibility to Protect*, hrsg. von Alex J. Bellamy und Tim Dunne, 913–931. Oxford: Oxford University Press.
Garwood-Gowers, Andrew. 2013. The BRICS and the Responsibility to Protect: Lessons from the Libyan and Syrian Crises. In *Responsibility to Protect in Theory and Practice*, hrsg.von Vasilka Sancin und Masa Kovic Dine, 291–315. Ljubljana: GV Zalozba.
Hehir, Aidan. 2008. *Humanitarian Intervention after Kosovo*. Basingstoke: Palgrave Macmillan.
Hehir, Aidan. 2013. *Humanitarian Intervention. An Introduction*. London: Palgrave Macmillan.
Henderson, Christian. 2013. The Centrality of the United Nations Security Council in the Legal Regime Governing the Use of Force. In *Research Handbook on International Conflict and Security Law*, hrsg. von Nigel D. White und Christian Henderson, 120–169. Cheltenham: Elgar.
Hilpold, Peter. 2013. Von der humanitären Intervention zur Schutzverantwortung. In *Die Schutzverantwortung (R2P). Ein Paradigmenwechsel in der Entwicklung des internationalen Rechts?*, hrsg. von Peter Hilpold, 1–34. Leiden und Boston: Nijhoff.
Hoppe, Thomas und Peter Schlotter. 2017. Responsibility to Protect: Internationaler Menschenrechtsschutz und die Grenzen der Staatensouveränität. In *Handbuch Friedensethik*, hrsg. von Ines-Jacqueline Werkner und Klaus Ebeling, 689–701. Wiesbaden: Springer VS.
International Commission on Intervention and State Sovereignty (ICISS). 2001. Report of the International Commission on Intervention and State Sovereignty: Responsibility to Protect. http://responsibilitytoprotect.org/ICISS%20Report.pdf. Zugegriffen: 24. Oktober 2018.
Junk, Julian. 2014. The Two-Level Politics of Support – US Foreign Policy and the Responsibility to Protect. *Conflict, Security & Development* 14 (4): 535–564.
Kenkel, Kai M. und Cristina G. Stefan. 2016. Brazil and the Responsibility While Protecting Initiative: Norms and the Timing of Diplomatic Support. *Global Governance* 22 (1): 41–58.

Kolb, Andreas S. 2012. The Responsibility to Protect (R2P) and the Responsibility while Pprotecting (RwP): Friends or Foes? http://www.globalgovernance.eu/wp-content/uploads/2015/02/Kolb-R2P-and-RwP-Friends-or-Foes-GGI-Analysis-Paper-2012.pdf. Zugegriffen: 31. Mai 2018.

Kolb, Andreas S. 2015. The „Responsibility While Protecting": A Recent Twist in the Evolution of the "Responsibility to Protect". In *The Influence of Human Rights on International Law*, hrsg. von Norman Weiß und Jean-Marc Thouvenin, 79–91. Cham: Springer VS.

Kotyashko, Anna, Laura Cristina Ferreira-Pereira und Alena Vysotskaya Guedes Vieira. 2018. Normative Resistance to Responsibility to Protect in Times of Emerging Multipolarity: The Cases of Brazil and Russia. http://dx.dol.org/10.1590/0034-7329201800101. Zugegriffen: 31. Mai 2018.

Labonte, Melissa. 2016. R2P's Status as a Norm. In *The Oxford Handbook of the Responsibility to Protect*, hrsg. von Alex J. Bellamy und Tim Dunne, 133–150. Oxford: Oxford University Press.

Mabera, Faith und Yolanda Spies. 2016. How Well Does R2P Travel Beyond the West?. In *The Oxford Handbook of the Responsibility to Protect*, hrsg. von Alex J. Bellamy und Tim Dunne, 208–226. Oxford: Oxford University Press.

McDougall, Derek. 2014. "Responsibility while Protecting". *Global Responsibility to Protect* 6 (1): 64–87.

Merkel, Reinhard. 2011. Die Intervention der NATO in Libyen: Völkerrechtliche und rechtsphilosophische Anmerkungen zu einem weltpolitischen Trauerspiel. *Zeitschrift für internationale Strafrechtsdogmatik* 6 10): 771–783.

Morris, Justin und Nicholas J. Wheeler. 2016. The Responsibility Not to Veto? A Responsibility Too Far? In *The Oxford Handbook of the Responsibility to Protect*, hrsg. von Alex J. Bellamy und Tim Dunne, 227–246. Oxford: Oxford University Press.

O'Connell, Mary Ellen. 2011. Responsibility to Peace: A Critique of R2P. In *Critical Perspectives on the Responsibility to Protect – Interrogating Theory and Practice*, hrsg. von Philip Cunliffe, 71–83. Abingdon: Routledge.

Oeter, Stefan. 2015. Krise der kollektiven Sicherheit? Überlegungen zum Sicherheitsrat, seinen Ständigen Mitgliedern und deren Versuchungen des „Exzeptionalismus". In *Gesellschaftliche Herausforderungen des*

Rechts. Eigentum – Migration – Frieden und Solidarität. Gedächtnisschrift für Helmut Rittstieg, hrsg. von Markus Krajewski, Matthias Reuß und Tarik Tabbara, 359–378. Baden-Baden: Nomos.
Orford, Anne. 2016. The Responsibility to Protect and the Limits of International Authority. In *Reassessing the Responsibility to Protect: Conceptual and Operational Challenges*, hrsg. von Brett R. O'Bannon, 18–33. Abingdon: Routledge.
Österdahl, Inger. 2013. The Responsibility to Protect and the Responsibility While Protecting: Why Did Brazil Write a Letter to the UN? *Nordic Journal of International Law* 82 (4): 459–486.
Passarelli Hamann, Eduarda. 2012. Brazil and R2P: A Rising Global Player Struggles to Harmonise Discourse and Practice. http://www.kas.de/wf/doc/kas_32598-1522-230.pdf?121102090243. Zugegriffen: 31. Mai 2018.
Pattison, James. 2013. The Ethics of "Responsibility While Protecting": Brazil, The Responsibility to Protect, and Guidelines for Humanitarian Intervention. https://www.du.edu/korbel/ hrhw/workingpapers/2013/71-pattison-2013.pdf. Zugegriffen: 31. Mai 2018.
Peters, Daniel. 2013. *Die Responsibility to Protect als Maßstab im Umgang mit schwersten Menschenrechtsverbrechen*. Münster: LIT.
Pradetto, August. 2015. R2P, der Regimewechsel in Libyen und die Nichtintervention in Syrien: Durchbruch oder Sargnagel für die Schutzverantwortung? In *Schutzverantwortung in der Debatte – Die „Responsibility to Protect" nach dem Libyen-Dissens*, hrsg. von Michael Staack und Dan Krause, 15–54. Opladen: Barbara Budrich.
Prawde, Alyse. 2014. The Contribution of Brazil's Responsibility while Protecting to the „Responsibility to Protect" Doctrine. *Maryland Journal of International Law* 29 (1): 194–209.
Quinton-Brown, Patrick. 2013. The Responsibility while Protecting: Linchpin or Trojan Horse? http://www.globalr2p.org/media/files/r2p.pdf. Zugegriffen: 31. Mai 2018.
Roberts, Adam. 2006. The United Nations and Humanitarian Intervention. In *Humanitarian Intervention and International Relations*, hrsg. von Jennifer M. Welsh, 72–97. Oxford: Oxford University Press.
Rodley, Nigel. 2016. R2P and International Law: A Paradigm Shift?. In *The Oxford Handbook of the Responsibility to Protect*, hrsg. von Alex J. Bellamy und Tim Dunne, 186–207. Oxford: Oxford University Press.

Rodley, Nigel und Basak Cali. 2007. Kosovo Revisited: Humanitarian Intervention on the Faultlines of International Law. *Human Rights Law Review* 7 (2): 275–297.

Schmidt, Hajo. 2015. Instrument der Re-Legitimierung des Krieges oder Vehikel der Kriegsächtung: Eine Betrachtung der R2P aus friedensethischer Sicht. In *Schutzverantwortung in der Debatte – Die „Responsibility to Protect" nach dem Libyen-Dissens*, hrsg. von Michael Staack und Dan Krause, 139–160. Opladen: Barbara Budrich

Stefan, Cristina G. 2017. On Non-Western Norm Shapers: Brazil and the Responsibility while Protecting. *European Journal of International Security* 2 (1): 88–110.

Stewart, Rory und Gerald Knaus. 2012. *Can Intervention Work?* New York: W.W. Norton.

Stuenkel, Oliver. 2016. Responsibility while Protecting. In *The Oxford Handbook of the Responsibility to Protect*, hrsg. von Alex J. Bellamy und Tim Dunne, 620–637. Oxford: Oxford University Press.

Stuenkel, Oliver and Tourinho, Marcos. 2014. Regulating Intervention: Brazil and the Responsibility to Protect. *Conflict, Security & Development* 14 (4): 379–402.

Thakur, Ramesh. 2016. Ruanda, Kosovo, and the International Commission on Intervention and State Sovereignty. In *The Oxford Handbook of the Responsibility to Protect*, hrsg. von Alex J. Bellamy und Tim Dunne, 94–113. Oxford: Oxford University Press..

Tourinho, Marcos, Oliver Stuenkel und Sarah Brockmeier. 2016. „Responsibility while Protecting": Reforming R2P Implementation. *Global Society* 30 (1): 134–150.

Tuffi Saliba, Aziz, Dawisson Belem Lopes und Pedro Vieira. 2015. Brazil's Rendition of the Responsibility to Protect. *BRASILIANA – Journal for Brazilian Studies* 3 (2): 32–55.

Welsh, Jennifer G. 2016. The Responsibility to Protect after Libya and Syria. *Daedalus* 145 (4): 75–87.

Welsh, Jennifer G. und Maria Banda. 2010. International Law and the Responsibility to Protect: Clarifying or Expanding States' Responsibilities. *Global Responsibility to Protect* 2 (3): 213–231.

Welsh, Jennifer G., Patrick Quinton-Brown und Victor MacDiarmid. 2013. Brazil's „Responsibility While Protecting" Proposal: A Canadian Perspective. Report Canadian Centre for the Responsibility to Protect. http://ccr2p.org/publications-3/. Zugegriffen: 31. Mai 2018.

Kolb, Andreas S. 2012. The Responsibility to Protect (R2P) and the Responsibility while Pprotecting (RwP): Friends or Foes? http://www.globalgovernance.eu/wp-content/uploads/2015/02/Kolb-R2P-and-RwP-Friends-or-Foes-GGI-Analysis-Paper-2012.pdf. Zugegriffen: 31. Mai 2018.

Responsibility to Protect – ein westliches Konzept?

Dan Krause

1 *Responsibility to Protect* als Konzept

Die Schutzverantwortung (*Responsibility to Protect*, R2P) wird in diesem Aufsatz als ein umfassendes politisches Konzept verstanden. Es bündelt rechtliche, ethische und politische Normen, Prinzipien und Überlegungen in Bezug auf den Schutz des Menschen vor schwersten Menschenrechtsverletzungen. Indem es diese neu zu denken, zu interpretieren und zu verknüpfen sucht, wird das Ziel verfolgt, bestehende Spannungen und Widersprüche – zwischen dem Souveränitätsprinzip, Gewalt- und Interventionsverbot auf der einen und bestehenden völkerrechtlichen Normen zum Schutz des Individuums vor schwersten Menschenrechtsverletzungen auf der anderen Seite – aufzulösen (vgl. Arnauld 2015, S. 64ff.; Luck 2008, S. 53; Mabera und Spies 2016, S. 214f.).

Der Minimalkonsens zur Schutzverantwortung besteht in Form der Artikel 138 und 139 der Abschlussresolution des Weltgipfels der Vereinten Nationen aus dem Jahr 2005 (UN-Dok. A/RES/60/1 vom 16. September 2005). Jenseits dieser „R2P-lite" (Weiss 2006, S. 750) gibt es weder über die dem Konzept zugrundeliegenden Normen

---

© Springer Fachmedien Wiesbaden GmbH, ein Teil von Springer Nature 2019
I.-J. Werkner und T. Marauhn (Hrsg.), *Die internationale Schutzverantwortung im Lichte des gerechten Friedens*, Gerechter Frieden,
https://doi.org/10.1007/978-3-658-25538-1_6

und Prinzipien ein gemeinsames Verständnis, noch einen globalen Konsens über dessen Implementierung. Der Grad an Übereinstimmung hängt auch davon ab, welches Element der Schutzverantwortung (die Prävention, die Reaktion oder der Wiederaufbau) thematisiert und welche der drei Säulen (die Primärverantwortung des Staates, die Verantwortung der internationalen Gemeinschaft zur Hilfe und Unterstützung oder die Residiualverantwortung der internationalen Gemeinschaft bei nachweislichem Versagen eines Staates) berührt wird (vgl. ICISS 2001; UN-Dok. A/63/677 vom 12. Januar 2009). Und selbst wenn es eine grundsätzliche Übereinstimmung zu einer internationalen Norm gibt, bedeutet dies nicht automatisch, dass es über deren Interpretation und ihre praktischen und rechtlichen Konsequenzen ebenfalls Übereinstimmung gibt. Die Zustimmung zum allgemeinen Teil einer globalen Norm besagt in vielen Regionen gerade keine Zustimmung zum „prozeduralen Annex" (Dembinski 2016, S. 29) derselben – insbesondere dann nicht, wenn die Entscheidungshoheit über die prozeduralen Fragen einer kleinen, institutionell oder materiell privilegierten Gruppe von Staaten (wie den ständigen Sicherheitsratsmitgliedern und NATO-Staaten oder der OECD und dem Globalen Norden) vorbehalten bleibt (vgl. Dembinski 2016, S. 29). Der andauernde Diskussions- und Konsensbildungsprozess zur R2P im Rahmen der Vereinten Nationen und auf Basis des ICISS-Berichts (2001) – inklusive der seither erfolgten Metamorphosen (High-Level Panel on Threats, Challenges and Change 2004; Berichte UN-Generalsekretär 2005 bis heute) – ist daher von großer Bedeutung. Zum einen ist eine wirklich global akzeptierte Schutzverantwortung nicht ohne die Zustimmung und Mitwirkung der Länder des Globalen Südens denkbar. Zum anderen bestehen die Kontroversen zur R2P auch deshalb, weil es sich bei den dabei berührten Normen und Prinzipien um grundlegende Fragen der internationalen Ordnung sowie deren Herstellung, Spielregeln und Machtstrukturen handelt.

2 Die vielfältigen Quellen der *Responsibility to Protect*

Vielfach wird darauf verwiesen, die Schutzverantwortung entspringe keinesfalls nur christlich-westlichen Werten, sondern entspreche grundsätzlich auch den Werten der Zivilisationen des Globalen Südens (vgl. u. a. Sampford und Thakur 2015, S. 48f.). Insbesondere Vertreter und Vertreterinnen des afrikanischen Kontinents betonen die vielfältigen lokalen Wurzeln der R2P und die Tatsache, dass die Afrikanische Union (AU) mit ihrem Gründungsakt aus dem Jahr 2000 bereits ein kontinentales R2P-Regime mit allen drei Elementen (Prävention, Reaktion, Wiederaufbau) eingeführt habe, bevor die internationale Schutzverantwortung konzipiert worden sei (vgl. Landsberg 2010, S. 442). Und auch bei der Erstellung des R2P-Konzepts wurde auf eine Beteiligung des Südens, allein schon durch die personelle Zusammensetzung der Kommission, großer Wert gelegt. So war der algerische Diplomat Mohamed Sahnoun einer der beiden Co-Vorsitzenden der ICISS und unter den zehn weiteren Mitgliedern war der Süden mit dem heutigen südafrikanischen Präsidenten Cyril Ramaphosa, dem philippinischen Ex-General und Präsidenten Fidel Ramos, dem indischen Wissenschaftler Ramesh Thakur sowie dem guatemaltekischen Diplomaten Eduardo Stein prominent vertreten. Auch die beiden, die Schutzverantwortung stark beeinflussenden Perspektivwechsel der Souveränität als Verantwortung (vgl. Deng et al. 1996) und der menschlichen Sicherheit (UNDP 1994) sind keine singulär westlichen Vorstellungen. Gerade Letztere berücksichtigt mit ihrem Sicherheits-Entwicklungs-Nexus und der stärkeren Betonung sozialer und wirtschaftlicher Rechte des Individuums grundsätzlich eher südliche Vorstellungen von Sicherheit.

Dennoch waren besonders im Globalen Süden die Bedenken gegen eine zu revolutionäre Neuinterpretation des Souveränitätsprinzips groß. Neben unterschiedlichen Interpretationen aufgrund soziökonomischer und -kultureller Unterschiede war und ist vor allem die Angst vor dem Missbrauch einer zu starken Aufweichung der Souveränität für diese Haltung verantwortlich. Als zu schwer erkämpft und oft noch recht jung und fragil wird die eigene Souveränität wahrgenommen. Gerade weil die Entscheidungshoheit über die prozedurale Ausgestaltung und Anwendung globaler Normen und Prinzipien noch nicht einmal teilweise bei den Ländern des Globalen Südens, sondern überwiegend bei westlichen Mächten – darunter etlichen ehemaligen Kolonialherren – liegt, ist die Frucht vor dem Missbrauchspotenzial eines aufgeweichten Souveränitätsprinzips nur allzu verständlich. Hinzu kommt, dass für viele Länder des Südens die wirtschaftliche, gesellschaftliche und staatliche Entwicklung eine Überlebensfrage darstellt und diese als stark abhängig von internationaler, regionaler und lokaler Ordnung wahrgenommen wird. Aufgrund der Dringlichkeit der mit dieser Entwicklung verbundenen Fragen und Probleme stellen nicht wenige südliche Länder, auch Demokratien, im Zweifel Ordnung über andere fundamentale Werte (vgl. Jaganathan 2017, S. 43ff.). Für die kritische Sichtweise auf das Konzept der Schutzverantwortung kann daher vor allem die strukturelle und materielle Machtimpotenz (vgl. Mabera und Spies 2016, S. 211ff.) der meisten Staaten des Globalen Südens verantwortlich gemacht werden und deren Nicht-Beteiligung an der Formulierung und Anwendungsentscheidung globaler Normen und Prinzipien.

3 Positionen der BRICS-Staaten

3.1 Brasilien

Souveränität und Nichteinmischung, multilaterale Institutionen auf Basis der Gleichberechtigung der Staaten und friedliche Streitbeilegung genießen in Lateinamerika einen traditionell hohen Stellenwert. Sie werden vor dem Hintergrund der Kolonialisierungsgeschichte, dem dominanten Einfluss der USA und den Ungleichgewichten des internationalen Systems zugleich als Bollwerk gegen externe Übergriffe betrachtet (vgl. Kenkel 2013, S. 3; Herz 2013, S. 29f.). Eine konservative Interpretation von Souveränität und Nichteinmischung sowie eine Ablehnung von externen Zwangsmaßnahmen oder Gewaltanwendung – sei es auch für den Zweck des Friedens – spiegeln sich daher in den meisten regionalen Verfassungen und Institutionen wider (vgl. Almeida 2017, S. 71f.). Dies gilt auch für Brasilien, das wirtschaftliche, demografische und politische Schwergewicht Lateinamerikas. So heißt es im Artikel 4 der brasilianischen Verfassung:

> „The international relations of the Federative Republic of Brazil are governed by the following principles: I. national independence; II. prevalence of human rights; III. self-determination of peoples; IV. non-intervention; V. equality among States; VI. defense of peace; VII. peaceful solution of conflicts; VIII. repudiation of terrorism and racism; IX. cooperation among people for the progress of humanity; X. concession of political asylum."

Vor der gegenwärtigen politischen Krise des Landes (seit etwa 2014) und insbesondere unter der Präsidentschaft Lula da Silvas war das Land in der internationalen Politik außerordentlich engagiert und strebte eine globale Rolle an. Zur Verwirklichung dieser Ambitionen war die Übernahme von mehr internationaler

Verantwortung notwendig, die in bestimmten Bereichen an die Grenzen der Verfassung stieß. Im Kontext der R2P-Debatte konkretisierte sich das Spannungsfeld zwischen verfassungsmäßig festgeschriebener Nicht-Einmischung und notwendiger internationaler Beteiligung. Die Lösung fanden brasilianische Diplomaten im Prinzip der Nicht-Gleichgültigkeit, wie es die AU bereits einige Jahre zuvor formuliert hatte und welches vereinfacht ausgedrückt eine Mittelposition zwischen strikter Nichteinmischung und aktiver Intervention darstellt (vgl. Williams 2007). Verbunden mit anti-imperialistischen Bezügen, einer Süd-Süd-Solidarität, regionalen Lösungen für regionale Probleme, einer Bevorzugung friedlicher Konfliktbeilegung und dem Vorrang humanitärer Hilfe über nationale Interessen bot dieses – weitgehend diskursiv verbliebene – Konzept der brasilianischen Regierung den benötigten Handlungsspielraum. Dieser wurde bei der Übernahme der Führung der *UN-Peacekeeping-Operation* MINUSTAH auf Haiti genutzt, um die Eignung des Landes als ständiges Mitglied im UN-Sicherheitsrat und seine Bereitschaft zu stärkerer Übernahme internationaler Verantwortung unter Beweis zu stellen. Das Engagement in Haiti blieb jedoch eine Episode und die brasilianische Haltung ambivalent, also auf halbem Weg zwischen dem Prinzip der Nichteinmischung und dem Konzept der Schutzverantwortung stehen (vgl. Almeida 2017, S. 86). Dies war neben den unveränderten verfassungsrechtlichen Beschränkungen auch der Tatsache geschuldet, dass die Entscheidungshoheit über die Anwendung und Ausgestaltung der Schutzverantwortung bei den permanenten Mitgliedern des Sicherheitsrates verblieb und Brasiliens Versuche, dies zu verändern (durch einen eigenen ständigen Sitz in diesem Gremium), erfolglos blieben (vgl. Almeida 2017, S. 84ff.).

Unter dem Eindruck der als Missbrauch perzipierten Libyen-Intervention von 2011 formulierte Brasilien als nichtständiges Mitglied des Sicherheitsrates seine Position zur R2P in Form des komplementären Vorschlags einer *Responsibility while Protecting* (RwP) (vgl. Ribeiro Viotti 2011). Die schnell von westlichen Staaten und Nichtregierungsorganisationen (NGOs) geäußerte Kritik betraf vor allem die im ursprünglichen Entwurf chronologisch angelegte Sequenzierung der R2P, besonders der drei Säulen, welche als Reaktion darauf später durch eine logische, flexible Sequenzierung ersetzt wurde (vgl. Kenkel und Stefan 2016, S. 48). Darüber hinaus ging es bei dem RwP-Vorschlag im Wesentlichen um drei Punkte: um die Etablierung von Kriterien für den Entscheidungsprozess im UN-Sicherheitsrat hinsichtlich einer gewaltsamen Intervention, um die Etablierung von Kriterien bezüglich der Umsetzung von Resolutionen des Sicherheitsrates, welche die Anwendung von Gewalt autorisieren, sowie um das Monitoring dieser Einsätze und entsprechende Überprüfungsmechanismen, um ein verantwortungsbewusstes Schützen zu garantieren. Insbesondere die Kriterien bezüglich der Umsetzung von UN-Resolutionen, aber auch die Rolle, die die RwP der Generalversammlung hinsichtlich der Frage der Autorisierung einräumte (alternative Mandatserteilung gemäß Resolution 377 „Uniting for Peace"), nahmen deutlich Bezug zu den ursprünglichen Vorschlägen der ICISS-Kommission von 2001.

Hatte die vorgeschlagene Sequenzierung Kritik hervorgerufen, so fand die nachdrückliche Erwähnung der Bevorzugung nicht-gewaltsamer Mittel und der Prävention die Unterstützung nahezu des gesamten Globalen Südens. Selbiges galt auch für die explizite Erwähnung des *Do-no-harm*-Prinzips, nach dem der Einsatz militärischer Gewalt, wenn er denn notwendig werde, auf ein Minimum beschränkt bleiben müsse. In keinem Fall dürfe er mehr Schaden als Nutzen verursachen (vgl. Ribeiro Viotti 2011, S. 3). Auch die eingeforderte Aufsicht über die Implementierung eines, den Einsatz von Gewalt einschließenden UN-Mandats und die Rechenschaftspflicht der mit der Ausführung beauftragten Staaten fand einen starken, positiven Widerhall (vgl. Kenkel und

Stefan 2016, S. 48f.). Angesichts der innenpolitischen Situation des Landes ab 2013/14, aufgrund von Personalveränderungen im Außenamt und infolge des Ausscheidens Brasiliens aus dem UN-Sicherheitsrat wurde die RwP schließlich nicht weiterverfolgt. Zu konstatieren bleibt aber die Bedeutung und Pionierleistung des brasilianischen Vorschlags, hatten bisher die westlichen Länder die Normengestaltung stets als ihre Domäne betrachtet (vgl. Benner 2013, S. 6).

UN-Generalsekretär Ban Ki-moon nahm die *Responsibility while Protecing* ausdrücklich in seinen jährlichen Report zur Weiterentwicklung der Schutzverantwortung von 2012 (UN-Dok A/66/874 – S/2012/578 vom 25. Juli 2012, S. 13ff.) als wichtigen Input mit auf. Im selben Jahr erschien mit der wissenschaftlichen Veröffentlichung zu „Responsible Protection: Building a Safer World" (Zongze 2012) ein semi-offizieller chinesischer Vorschlag, der inhaltlich sehr dicht an der brasilianischen Initiative lag. Erst relativ spät erkannten auch westliche Länder den Wert der RwP als konzeptionelles, die R2P ergänzendes Gesprächsangebot des Südens sowie Brücke über die tiefen Abgründe und Differenzen nach der Libyen-Kontroverse (vgl. Staack und Krause 2015) und der Syrien-Krise. Die *Responsibility while Protecting* war zu einem kritischen Zeitpunkt der Versuch, wieder ins Gespräch zu kommen. Dieser wollte den perzipierten Missbrauch der R2P entkräften und zukünftig verhindern helfen, damit die internationalen Bemühungen, den Schutz des Menschen vor Massenverbrechen zu verbessern, nicht noch mehr Schaden nehmen.

3.2 Russland

Russland steht der Schutzverantwortung sehr kritisch gegenüber. Im Gegensatz zu notorischen R2P-Feinden wie Kuba oder Venezuela stellt es jedoch die R2P nicht vollständig infrage, sondern steht in abgestufter Form in Opposition zu den (westlich dominierten) Normen und Prinzipien des Konzeptes. Diese Opposition ist für Moskau eine prinzipielle Haltung gegenüber der liberalen Hegemonie des Westens. Es hat sich zwar deklaratorisch in verschiedenen Verträgen (beispielsweise Helsinki 1975, Paris 1991) zu den meisten westlichen Normen bekannt, diese aber stets individuell interpretiert, ignoriert oder unter den Vorbehalt nationaler Interessen gestellt (vgl. Kurowska 2014, S. 489ff.). Diese Haltung entspringt zum einen den Umständen des Zustandekommens des scheinbaren Siegeszuges westlich-liberaler Werte und Ordnungsvorstellungen, also dem Zusammenbruch der Sowjetunion und Russlands Rolle als Verlierer des Kalten Krieges.[1] Zum anderen haben die besondere Geschichte Russlands, die Größe des Landes und die sozioökonomischen und kulturellen Differenzen eine anders gelagerte Selbstwahrnehmung und Identität herausgebildet. Der Kontrast zwischen Russland und dem Westen hat sich durch die Umbrüche der 1990er Jahre verschärft. Insbesondere die folgenden Ereignisse haben das russische Narrativ in jüngerer Zeit beeinflusst (vgl. Ziegler 2016, S. 350f.):

- die Nichtbeachtung russischer Interessen im Zuge der Kosovo-Intervention; der völkerrechtswidrige Irakkrieg 2003;
- die Aufnahme neuer NATO-Mitglieder im Jahr 2004, ohne abfedernde, kompensatorische Maßnahmen, wie diese frühere Erweiterungsrunden begleitet hatten;

---

1 George H. W. Bush erklärte am 28. Januar 1992, dass der Kommunismus zum Glück besiegt worden und gestorben sei, und die USA als stärkste und freundlichste Macht auf Erden die unbestrittene Führungsmacht der Welt seien und dank der Gnade Gottes den Kalten Krieg gewonnen hätten. In der Konsequenz musste sich Russland als Verlierer wahrnehmen und tut dies bis heute.

- die Stagnation und Erosion der Rüstungskontrolle und der Abrüstungsgespräche;
- die durch offizielle und halboffizielle Regierungsstellen sowie NGOs aus den USA und westlichen Staaten unterstützten Farbenrevolutionen in den ehemaligen Sowjetrepubliken (Georgien 2003, Ukraine 2004 und Kirgisien 2005) sowie
- die Nachbarschaftspolitik der EU in ehemaligen Sowjetrepubliken, die zu eigenen russischen Plänen, unter anderem einer Eurasischen Union, in Konkurrenz oder direktem Gegensatz stehen.

Unter der Regierung Putin wird dieser Kontrast aus strategischen und innenpolitischen Gründen noch zugespitzt. Westlichen Werten werden dabei eigene Narrative (russische Welt, russischer Mensch, Familie, Gott, Vaterland) entgegengesetzt und als überlegen dargestellt (vgl. Ziegler 2016, S. 354). Der nahezu völlige Ordnungsverlust der 1990er Jahre wurde fast unisono als Schock wahrgenommen, ist bis heute nicht vergessen und führte ebenfalls zu einer Priorisierung von Ordnung.

Aus Moskaus geopolitischer Perspektive hat das unilaterale Moment der USA negative Folgen gezeitigt. Die vom Westen als universal verbreiteten Wertvorstellungen seien in Wahrheit gar nicht universal, sondern „culturally specific and reflect a Western intention to impose its value structure on the rest of the world" (Ziegler 2016, S. 348). Russland versteht die Welt als multipolar und den Versuch des Westens, eine unilaterale Hegemonie durchzusetzen, als gescheitert. Außerhalb der westlichen Welt sei die staatliche Souveränität primär und werden kollektive und staatliche Interessen den individuellen vorgezogen. Daraus folge ein Vorrang nationaler Souveränität sowie eine strikte und restriktive Auslegung des Völkerrechts und der Charta der Vereinten Nationen. Die westlich vorangetriebene Abkehr von diesen Prinzipien habe zu Chaos und Unordnung geführt. Aus nationalem Interesse oder liberalen Friedensvorstellungen heraus habe der Westen wiederholt den Versuch humanitär begründeter Regimewechsel unternommen. Damit hätten sich beide – der Westen und die humanitären Interventionen – diskreditiert. Nun gelte es, die westlich-liberale Hegemonie zu begrenzen und in ihrem Einfluss auf die übrige Welt abzuschwächen (vgl. Kurowska 2014, S. 492).

Vor diesem Hintergrund betrachtet Russland die R2P zunächst als Vehikel westlicher Hegemonie. Insbesondere die Aufweichung von Kernprinzipien der UN-Charta – der Souveränität und Nichteinmischung in die inneren Angelegenheiten eines Landes – trifft auf Moskaus entschiedenen Widerstand. In der Folge wird lediglich die erste Säule, die Schutzverantwortung des souveränen Nationalstaates, uneingeschränkt befürwortet. Solange die internationale Unterstützung der zweiten Säule dem Zweck dient, die erste Säule zu stärken, und die Kooperation ohne Zwang erfolgt, wird auch diese nicht kritisiert. Hinsichtlich der dritten Säule bestehen dagegen große Bedenken (vgl. Ziegler 2016, S. 348). Nur in einem eng begrenzten Rahmen und ausschließlich in der Autorität des UN-Sicherheitsrates könne die Anwendung von Gewalt autorisiert werden. Diese Position ist natürlich auch der Tatsache geschuldet, dass Russland damit sicherstellt, jedem unerwünschten Ansinnen ein Veto entgegensetzen zu können. Diese Vetomacht ist zugleich die institutionalisierte Garantie russischer Souveränität in ihrer traditionellen Variante, also der Kontrolle und Verantwortung des Staates über beziehungsweise für seine Bevölkerung (vgl. Ziegler 2016, S. 351). In seiner offiziellen Position zur Schutzverantwortung kritisiert Russland häufig die Umsetzung oder Anwendung der dritten Säule der R2P. Beispielhaft steht hierfür die zunächst noch gemäßigte, später aber heftige russische Kritik an der Umsetzung der Resolution 1973 des UN-Sicherheitsrates zu Libyen (vgl. Stewart 2011; Pidd 2011; Charbonneau 2011). Eine Ausnahme hinsichtlich der Anwendung von Gewalt stellt für Russland das militärische Eingreifen durch Regionalorganisationen in deren Verantwortungsbereich dar, wie dies Russland im Rahmen der von ihm dominierten Organisation des Vertrages über kollektive Sicherheit (OVKS) unter anderem in Kirgisien oder Georgien (Südossetien) wiederholt getan hat.

Es bleibt festzuhalten, dass Russlands Anspruch an Souveränität, territoriale Integrität und Nichteinmischung in seinem „nahem Ausland" von ihm selbst nach eigenem Ermessen ausgelegt wird. Die bei den eigenen gewaltsamen Interventionen in seinem strategischen Umfeld (Georgien, Ukraine) mühsam konstruierte Schutzverantwortung Moskaus gegenüber russischen Minderheiten lässt an der Ernsthaftigkeit der russischen R2P-Argumentation erhebliche Zweifel aufkommen. In der von ihr beanspruchten Einflusssphäre oder bei überragenden nationalen Interessen behält sich die Großmacht selbst vor, beliebig zu entscheiden, welche Normen und Prinzipien gelten und für wen (vgl. Kuroswka 2014, S. 490; Ziegler 2016, S. 352). Die oft sehr durchschaubar konstruierten „Schutzverantwortungsinterventionen" in seiner Nachbarschaft sind letztlich nichts anderes als die humanitär verbrämten Interventionen zur Verfolgung egoistischer nationaler Ziele, die Russland dem Westen so oft vorwirft.

Ernster zu nehmen sind die russischen Bemühungen um eine stärker multipolar ausgerichtete internationale Ordnung, in welcher regionalen Organisationen stärkere Bedeutung – auch bei der Autorisierung und Implementierung von Kapitel VII-Missionen der Vereinten Nationen beziehungsweise der dritten Säule der R2P – zukommt. So hat Russland derartige Bemühungen der Afrikanischen Union beziehungsweise der Wirtschaftsgemeinschaft Westafrikanischer Staaten (ECOWAS) in der Zentralafrikanischen Republik, im Süd-Sudan, in Mali oder zuletzt in Gambia (vgl. Kreß und Nussberger 2017, S. 244) im Sicherheitsrat toleriert oder sogar gefördert. Auch das Nicht-Einlegen seines Vetos gegen die Libyen-Resolution 1973 wurde mit positiven Stellungnahmen regionaler Organisationen wie des Golf-Kooperationsrates und der Arabischen Liga begründet (vgl. Ziegler 2016, S. 352).

3.3 Indien

Aufgrund der späten Staatswerdung im Rahmen der Unabhängigkeit von 1947 und deren Umständen (Teilung, Gewalt, Kriege) befindet sich Indien in einem andauernden Prozess der Konsolidierung und Nationenwerdung. Diese findet in einem höchst instabilen regionalen Umfeld statt. In der Folge spielen Ordnung, Sicherheit, Souveränität und territoriale Integrität eine besondere Rolle. Kernprinzipien indischer Außenpolitik sind dabei die *Fünf Prinzipien der friedlichen Koexistenz* (*Panchsheel*):

- **gegenseitiger** Respekt für die territoriale Integrität und Souveränität;
- **gegenseitige** Nichtaggression;
- **gegenseitige** Nichteinmischung in die inneren Angelegenheiten;
- Gleichheit und gegenseitiger Nutzen der Beziehungen sowie
- friedliche Koexistenz (UN 1958).

Seit dem chinesisch-indischen Grenzkonflikt von 1962 und der Regierungsübernahme Indira Gandhis 1966 verfolgt das Land regional eine interessengeleitete, realistische Außenpolitik, die nicht immer im Einklang mit seinen erklärten Leitprinzipien steht (vgl. Wulf 2013, S. 19f.). Moralische und idealistische Aspekte sowie antikolonialistische und -imperialistische Rhetoriken spielen jedoch, vor allem diskursiv, weiterhin eine wichtige Rolle (vgl. Krause 2015, S. 184ff.). Anfang der 1990er Jahre, nach dem

Beinahe-Zusammenbruch seiner Planwirtschaft und dem Verlust seines wichtigsten strategischen Verbündeten, der Sowjetunion, sah sich das Land mit erheblichen innen- und außenpolitischen Herausforderungen konfrontiert (vgl. Mohan 2003, S. 116ff.). Seine Präferenzen bestanden vor allem im Gewinnen von Zeit und im Vermeiden von allem, was eine weitere Unordnung hätte mit sich bringen können. Neu-Delhi hielt in dieser Zeit orthodox an den Buchstaben internationaler Verträge, insbesondere der UN-Charta fest und verteidigte das staatszentrierte Westfälische Ordnungssystem (vgl. Krause 2015, S. 190f.). Die Souveränität eines Staates stellt für Indien eine moralische Position dar, die es mit dem gleichen Recht zu verteidigen gilt wie die Einhaltung fundamentaler Menschenrechte. Von diesem Prinzip darf nach indischem Verständnis nur in extremen Sonderfällen und unter zwei Bedingungen abgewichen werden: Erstens es finden nachweislich schwere Massenverbrechen statt; zweitens es handelt sich um eine Bedrohung des internationalen Friedens und der UN-Sicherheitsrat hat Kapitel VII-Maßnahmen autorisiert (vgl. Jaganathan 2017, S. 42ff.). So wurde die Kosovo-Intervention 1999 ohne Mandat des UN-Sicherheitsrates als illegal und Rückkehr zur Anarchie in der internationalen Politik bezeichnet (vgl. UN 1999). Zudem lässt sich die hohe Schwelle extremer Gewalt und Menschenrechtsverletzungen, ab der aus Sicht Neu-Delhis eine Intervention überhaupt erst tolerabel erscheint, mit dem Grad an Gewalt sowohl in seinem regionalen Umfeld als auch in seiner eigenen Gesellschaft erklären. Die tägliche Gewalt durch das Kastensystem, die Unterdrückung von Frauen und Minderheiten, die Gewalt in Familien sowie lokale Aufstandsbewegungen und deren Bekämpfung korrigieren das durch Gandhi geprägte Ideal der Gewaltlosigkeit und nehmen Einfluss auf die indische Perzeption von Gewalt in der internationalen Politik (vgl. Jaganathan 2017, S. 42f.).

Indien hat trotz seiner außenpolitischen Prinzipien wiederholt in seiner Nachbarschaft interveniert. In der Regel geschah dies auf Einladung oder mit Duldung des jeweiligen Staates (Nepal, Sri Lanka); zudem waren die Interventionen begrenzter Natur (vgl. Jaganathan 2017, S. 45f.). Gleichwohl machte Neu-Delhi die Erfahrung, dass militärische Interventionen auch mit Zustimmung des Gastlandes sowie scheinbar überwältigender Stärke scheitern können und militärische Mittel sich nur begrenzt zur Konfliktbearbeitung eignen. Indien bezahlte seine Einmischung in den Bürgerkrieg in Sri Lanka mit dem Tod von über eintausend Soldaten und dem Selbstmordanschlag auf Ex-Premierminister Rajiv Gandhi im Wahlkampf 1991 (vgl. Krause 2015, S. 189). Die wohl prägendste Erfahrung hat das Land 1971 bei seiner Intervention in Ostpakistan (Bangladesch) gemacht. Trotz eines Bürgerkriegs, der Züge eines Genozids annahm, nachweislicher Massenverbrechen (hunderttausende Tote, Vergewaltigungen, Plünderungen und Vertreibungen) der pakistanischen Armee und ihrer Verbündeten sowie mehrerer Millionen von Flüchtlingen in Indien wurde die als humanitär deklarierte indische Intervention international scharf kritisiert und verurteilt. Das Land zog daraus den Schluss, dass mächtige Staaten, insbesondere westliche Länder, humanitär begründbare Interventionen aufgrund nationaler Interessen missbilligen, während sie verbrecherische Regime wie das Südafrikanische decken (vgl. Ganguly 2013, S. 2f.). Gleichwohl hat Indien selbst die blutige Niederschlagung des Aufstands in Ungarn 1954 durch die befreundete Sowjetunion toleriert und während der Vorbereitung einer strategischen Partnerschaft mit den USA deren völkerrechtswidrigen Einmarsch in den Irak 2003 stillschweigend hingenommen und teilweise unterstützt, während es die Kosovo-Intervention 1999 noch in Bausch und Bogen verdammt hatte.

Eine weitere Bestimmungsgröße der indischen R2P-Position ist sein Engagement in den Vereinten Nationen. Die Blauhelm-Einsätze zeigen die Konditionen des Schutzes von Menschen und Menschenrechten auf, die Neu-Delhi international zu unterstützen bereit ist: Ausschöpfung nicht-militärischer Mittel, Mandat des UN-Sicherheitsrates, Zustimmung des Gastlandes sowie erreichbare Ziele (vgl. Banerjee 2012, S. 94ff.). In den Fällen Ruanda und Srebrenica seien es weder die Vereinten Nationen noch die von Indien verteidigte Souveränität gewesen, welche die Staatengemeinschaft davon abgehalten haben, zu agieren und ihrer Schutzverantwortung gerecht zu werden, sondern der fehlende politische Wille beziehungsweise mangelndes nationales Interesse mächtiger Staaten. Im Falle Ruandas haben die Mitglieder der „Blockfreien Bewegung" sogar einer verstärkten UN-Intervention zugestimmt, während Staaten wie die USA dagegen gewesen seien (vgl. Jaganathan und Kurtz 2014, S. 467f.).

Heute gilt die indische Haltung zur Schutzverantwortung als kritisch-zustimmend und zurückhaltend. Noch auf dem UN-Weltgipfel 2005 galt Indien als einer der hartnäckigsten Widersacher der R2P, was neben grundsätzlicher Skepsis auch innenpolitische (Koalitionsregierung) und personale Gründe (geringe Tiefe des diplomatischen Dienstes) hatte. Mit dem Wechsel der Regierungskoalition und dem Amtsantritt von Hardeep Singh Puri als indischer UN-Botschafter ist seit 2009 eine deutlich positivere indische Haltung zur R2P zu verzeichnen. Zudem lässt sich dieser Richtungswechsel mit der deutlich stärkeren indischen Position (USA-Indien-Nuklearabkommen, wirtschaftlicher Aufschwung etc.) erklären (vgl. Jaganathan 2017, S. 43; Krause 2015, S. 197). In den Jahren nach 2009 hat sich Neu-Delhi in den Vereinten Nationen wiederholt zur Schutzverantwortung bekannt und deren Implementierung im Rahmen der Vereinten Nationen grundsätzlich anerkannt. Diese Akzeptanz erlitt durch die Libyen-Intervention zwar einen gewissen Rückschlag, aber keinen Rückfall auf die ablehnende Haltung im Vorfeld des 2005er Weltgipfels. Gerade die institutionelle Verankerung in den Vereinten Nationen sieht Neu-Delhi als beste Absicherung gegen einen erneuten Missbrauch der Schutzverantwortung, wie er von ihm in Libyen perzipiert wurde (vgl. Banerjee 2012, S. 100). In diesem Kontext wird der brasilianische Vorschlag der *Responsibility while Protecting* als einen wichtigen Beitrag, Regimewechsel und humanitäre Interventionen im Namen der R2P zu verhindern, betrachtet. So konstatiert auch der indische UN-Botschafter Hardeep Singh Puri (2012): „If R2P is to regain the respect of the international community, it has to be anchored in the concept of RwP."

3.4 China

Auch in China genießen die *Fünf Prinzipien der friedlichen Koexistenz* erhebliche Bedeutung. Die damit einhergehende konservative Auslegung des Prinzips der Souveränität und Nichteinmischung in die inneren Angelegenheiten hat sich durch die chinesische Geschichte des 19. und 20. Jahrhunderts noch verstärkt. Das Jahrhundert der Schande, von den Opiumkriegen ab 1839 bis zum Zweiten Weltkrieg, hat China vor Augen geführt, wohin eine fragile Staatlichkeit führt. Das Reich der Mitte wurde zum Spielball westlich-imperialistischer Mächte. Die Demütigungen, einschließlich der Niederlage gegen Japan, haben sich tief in das chinesische Gedächtnis eingetragen (vgl. Regler 2015, S. 230). In der Folge genießen ein starker Staat, Souveränität sowie territoriale Integrität einen hohen Stellenwert und werden Interventionen kritisch gesehen. China hat zwar den Standpunkt aufgegeben, dass Menschenrechte und deren Schutz eine rein interne Angelegenheit von Staaten darstellen, behält sich aber selbst vor, den Grad an Einmischung durch die internationale Gemeinschaft zu bestimmen, den es für angemessen erachtet. Zugleich stellt es weitergehende Einmischungen unter die ausschließliche Autorisierung des UN-Sicherheitsrates und lehnt unilaterale humanitäre Interventionen ab (vgl. Arnauld 2015, S. 60). Seit der Ära Xi Jinpings tritt China außenpolitisch zunehmend selbstbewusster auf. Dieses Auftreten erstreckt sich mittlerweile auch auf die diskursive Beeinflussung bislang westlich-dominierter Ordnungsvorstellungen. Damit ist auch das Bestreben verbunden, die westlich-liberale Hegemonie einzugrenzen und eigene Vorstellungen durchzusetzen. Den Schutz grundsätzlich universeller Menschenrechte stellte China schon länger unter den Vorbehalt nationaler und regionaler Besonderheiten und Traditionen. Zugleich wurde wiederholt der Vorrang von nationaler Souveränität und Nichteinmischung betont. In jüngerer Zeit wird verstärkt eine eigene Interpretation von dem, was Menschenrechte sind, vertreten und deren Geltung in den Kontext der Achtung der kollektiven Menschenrechte von Nationen und Völkern, des Rechts auf Entwicklung und der sozialen Stabilität eines Landes gestellt (vgl. Kozyrev 2016, S. 332f.). In den Vereinten Nationen ist China mit über 2.500 militärischen und polizeilichen Kräften der größte Truppensteller der fünf permanenten Sicherheitsratsmitglieder und liegt weit vor allen westlichen Staaten (vgl. UN 2018). Die Beteiligung an den Friedensmissionen dient in erster Linie nationalen Zielen wie dem Schutz seiner Interessen, besonders in Afrika, der Übung und Modernisierung seiner Streitkräfte und als ein zentrales Element außenpolitischer *Soft Power* (vgl. Regler 2015, S. 236). Die Volksrepublik unterstreicht damit aber auch ihre grundsätzliche Haltung zum Einsatz militärischer Gewalt in den internationalen Beziehungen sowie zum Ausmaß der Eingriffstiefe in die internen Angelegenheiten souveräner Staaten im Falle massenhafter schwerer Menschenrechtsverletzungen. Aus Beijings Perspektive sind zuvorderst die Staaten selbst verantwortlich; die Vereinten Nationen sollten dabei lediglich unterstützend tätig sein. Sollten alle anderen Maßnahmen erfolglos bleiben und der Einsatz von Soldaten oder Polizeikräften notwendig werden, dann benötige es dazu die Zustimmung des betreffenden Staates sowie eines Mandats des UN-Sicherheitsrates. Trotz erheblicher Bedenken war China dann meist bereit, derartige UN-Missionen mit einem robusteren *Protection of Civilians*-Mandat auszustatten, um den Truppen alle notwendigen Maßnahmen, zum Teil auch offensive Operationen zum Schutz der Zivilbevölkerung, zu erlauben – jeweils unter dem Vorbehalt, dass der jeweilige Gaststaat einverstanden oder nicht in der Lage ist, den Schutz selbst zu gewährleisten (vgl. Teitt 2011, S. 304ff.).

Die chinesische Haltung zur Schutzverantwortung war zunächst von der Ablehnung der humanitären Intervention und dem Vorgehen der NATO im Kosovo 1999 geprägt. In der Konsequenz war Chinas Reaktion auf das ICISS-Papier überaus kritisch, insbesondere, was den Einsatz militärischer Gewalt betraf (vgl. Teitt 2011, S. 300f.). Erst mit der konzeptionellen Schwerpunktverschiebung im Zuge der Debatte bis zum 2005er Weltgipfel wurde China offener für die Schutzverantwortung. In dem Maße, in dem aus einem Reglement für humanitäre militärische Interventionen ein abgestuftes Regelwerk für die nuancierte Schutzverantwortung auf unterschiedlichen Ebenen wurde und die Prävention in den Vordergrund rückte, sank die chinesische Skepsis (vgl. Teitt 2011, S. 302; Regler 2015, S. 232). Die Formulierung der R2P im Gipfeldokument 2005 entsprach schließlich weitgehend den Vorstellungen Beijings:

- keine Mandatierung militärischer Gewalt außerhalb des UN-Sicherheitsrates, in welchem China ein Vetorecht besitzt, und nur zum Zwecke des Schutzes von Zivilisten;
- Einsatz von Gewalt als *ultima ratio*, das heißt wenn alle anderen Mittel erschöpft sind;

- primäre Schutzverantwortung des souveränen Staates und Stärkung derselben sowie
- Vorrang der Prävention (vgl. Teitt 2011, S. 302f.).

Die chinesische Skepsis hinsichtlich der dritten Säule bezieht sich auf die unbestimmte Implementierung der R2P (vgl. Garwood-Gowers 2016, S. 89). Die Intervention in Libyen 2011 beeinflusste diese verhalten positive Haltung zumindest vorübergehend erheblich. China, das kein Veto eingelegt hatte, warnte deutlich, Mandate zum Schutz von Zivilisten nicht zu Regimewechseln zu missbrauchen (vgl. Garwood-Gowers 2012, S. 387). Die Art und Weise, wie die NATO-Koalition dann die Sicherheitsratsresolution 1973 in Libyen umsetzte, einschließlich der Parteinahme für die Opposition, dem damit verbundenen forcierten Regimewechsel und der Jagd auf Muhammar al-Gaddafi, bestätigten alle Vorurteile und Skepsis, die China mit der Schutzverantwortung verbunden hatte. Es fühlte sich durch die bewusste Überdehnung des Mandats schlicht betrogen (vgl. Garwood-Gowers 2016, S. 90; Swaine 2012, S. 5f.). In der Folge blockierte Beijing mit außergewöhnlicher Häufigkeit und gemeinsam mit Russland diverse Resolutionen zu Syrien mit dem Argument, dass es sich gezielt getäuscht fühle und keinen weiteren, mit humanitären Motiven begründeten Regimewechsel zulassen wolle (vgl. Swaine 2012, S. 2f.).

Parallel dazu beteiligte sich China aber aktiv an der Debatte über die zukünftige Entwicklung der Schutzverantwortung. In Anknüpfung an den brasilianischen RwP-Vorschlag präsentierte Ruan Zongze, Vizepräsident des *China Institute for International Studies* (CIIS), des offiziellen Thinktank des chinesischen Außenministeriums, das semi-offizielle *Responsible Protection*-Konzept. Mit direktem Bezug auf das ursprüngliche ICISS-Konzept sah der Vorschlag zum einen vor, gemeinsame Kriterien für den Entscheidungsprozess im Sicherheitsrat hinsichtlich militärischer Interventionen bereitzustellen. Zum anderen sollte ein Mechanismus eingerichtet werden, um autorisierte Aktionen zu überwachen und die Einhaltung vereinbarter Regeln zu kontrollieren (vgl. Garwood-Gowers 2016, S. 91f.). Auch wenn sich die chinesische Regierung dieses Konzept nicht offiziell zu eigen machte, wurde es wiederholt publiziert und erweitert sowie im Oktober 2013 auf einer Konferenz in Beijing von Expertinnen und Experten sowie Wissenschaftlerinnen und Wissenschaftlern, überwiegend aus den BRICS-Staaten, konstruktiv debattiert (vgl. Evans 2013). China demonstrierte damit nicht nur seinen gewachsenen normativen Gestaltungsanspruch, sondern zugleich auch seine weiterhin offene Haltung zu einer Weiterentwicklung der Schutzverantwortung, wenn es an deren Ausgestaltung beteiligt würde. Mit dem Konzept der RP gibt Beijing zumindest halboffiziell zu erkennen, dass es die Anwendung von Gewalt gegen den Willen eines Staates nicht grundsätzlich ablehnt, aber diese stärker beschränken und kontrollieren möchte. Dies stellt keine prinzipielle Ablehnung der dritten Säule der R2P dar, aber eine deutlich restriktivere Auslegung derselben, als dies die meisten westlichen Staaten verstehen. Auch einen Regimewechsel schließt China, dessen Kommunistische Partei ja ebenfalls infolge eines Bürgerkrieges an die Macht kam, nicht rigoros aus. Dieser muss aber aus eigenen Kräften, von innen heraus und ohne fremde Einflussnahme, also mit dem Willen der deutlichen Mehrheit der Bevölkerung, erfolgen. Ähnlich wie die *Responsibility while Protecting* stellt auch das chinesische *Responsible Protection*-Konzept einen der noch wenigen bedeutsamen Beiträge nicht-westlicher Staaten zu internationalen Normbildungsprozessen und Fragen der Ausgestaltung der globalen Ordnung dar (vgl. Garwood-Gowers 2016, S. 92f.; Regler 2015, S. 242f.).

3.5 Südafrika

Südafrikas Außenpolitik und seine Einstellung zu den Menschenrechten sind stark von der jüngeren Geschichte des Landes beeinflusst. Die Kolonialisierung, die Rassentrennung der Apartheid, aber auch der späte, friedliche Übergang zur Demokratie Anfang der 1990er Jahre und die Rolle und Macht des *African National Congress* (ANC) haben die Identität des Landes entscheidend beeinflusst. Die anfänglich normative und entschiedene Außenpolitik unter Nelson Mandela wich schon bald einem pragmatischeren und kompromissbereiteren Ansatz, doch zogen sich der Einsatz für Menschenrechte und Demokratie sowie die Ideen von Souveränität als Verantwortung und *Human Security* wie ein Leitfaden durch die außenpolitische Agenda und Rhetorik aller Administrationen bis zu Cyril Ramaphosa (vgl. Esterhuyse 2016, S. 192f.; Geldenhuys 2010, S. 153ff.). Unter diesen Voraussetzungen und mit seiner wirtschaftlichen Stärke, seiner aktiven Bürgerrechtsbewegung, seinen relativ gut aufgestellten Institutionen und Streitkräften sowie einer erheblichen *Soft Power* schien Südafrika geradezu prädestiniert, für die Entwicklung der R2P eine gewichtige Rolle zu spielen (vgl. Lucey et al. 2014, S. 5; Mabera und Dunne 2013, S. 1f.). Dies tat das Land dann auch schon bei der Transformation der Organisation für Afrikanische Einheit (OAU) in die wesentlich progressiver ausgerichtete Afrikanische Union (AU) (vgl. Geldenhuys 2010, S. 160ff.; Landsberg 2010, S. 440f.; Mabera 2016). Dass diese bereits mit ihrem Gründungsakt in Artikel 4(h)[2] und vor der Veröffentlichung des ICISS-Papiers ein kontinentales R2P-Regime mit allen

---

2 So heißt es im Artikel 4(h) der Gründungsakte der Afrikanischen Union: „The right of the Union to intervene in a Member State pursuant to a decision of the Assembly in respect of grave circumstances, namely war crimes, genocide and crimes against humanity" (AU 2000).

drei Säulen und Autorisierung durch Mehrheitsentscheidung in der AU-Generalversammlung beschloss, war auch ein Verdienst Südafrikas unter Präsident Thabo Mbeki (vgl. Landsberg 2010, S. 442). Schließlich spielte die Unterstützung Südafrikas und anderer afrikanischer Länder im Vorfeld des Weltgipfels von 2005 eine wichtige Rolle, die R2P erfolgreich im Weltgipfeldokument zu verankern (vgl. Aboagye 2012, S. 32).

Erste kritische Stimmen musste sich Pretoria hinsichtlich seines als zu nachsichtig und zurückhaltend empfundenen Abstimmungsverhaltens in den Vereinten Nationen in den Jahren 2006 bis 2010 zu Menschenrechtsverletzungen beispielsweise in Sudan, Myanmar und Simbabwe vorhalten lassen. Noch aber dominierte im Westen die Wahrnehmung von Südafrika als des am positivsten zur R2P eingestellten Landes des Globalen Südens (vgl. Garwood-Gowers 2013, S. 17f.; Kikoler 2014, S. 325f.). Die Auffassungsunterschiede hinsichtlich der internationalen Schutzverantwortung und ihrer Implementierung traten dann aber während der zweiten Mitgliedschaft Südafrikas im UN-Sicherheitsrat und anlässlich der Intervention in Libyen 2011 deutlich zutage. Die Debatte um die stark mit R2P-Argumenten begründete Intervention wurde sogar als „turning point" (Smith 2015, S. 3) bezeichnet und Pretoria, das zunächst der Sicherheitsratsresolution 1973 zugestimmt hatte, wurde im Anschluss zu einem der heftigsten Kritiker der als Missbrauch des Mandats perzipierten NATO-Operation. Wie China fühlte sich auch Südafrika von der bewussten Überdehnung des Mandats inklusive des erzwungenen Regimewechsels betrogen und artikulierte dies deutlich. Es galt ob seiner kritischen Haltung fortan als offen skeptisch gegenüber dem R2P-Konzept und seiner Anwendung (vgl. Mabera und Dunne 2013, S. 7). Südafrika hatte jedoch schon vor dem Libyen-Dissens in wichtigen, die R2P betreffenden Fragen eine leicht divergierende Haltung gegenüber jener der meisten westlichen Staaten.

Für die Formulierung und Ausrichtung der Außenpolitik sind in Südafrika insbesondere die mit erheblichen Befugnissen ausgestatteten Präsidenten sowie der seit 1994 allein regierende ANC mit seiner ideologischen Ausrichtung und seiner Identität als Befreiungsbewegung von Bedeutung (vgl. Masters 2012; Siko 2014; Krause 2017, S. 185f.). Südafrika sieht sich als Verfechter der Menschenrechte und betrachtet den eigenen Kampf gegen die Apartheid als den wichtigsten Kampf um die Menschenrechte seit dem Ende des Zweiten Weltkrieges. Menschenrechte spielen daher eine gewichtige Rolle – und dies gilt bei einer Bürgerrechts- und Befreiungsbewegung wie der Anti-Apartheid-Bewegung natürlich auch für die bürgerlich-liberalen Freiheitsrechte. Große Teile der schwarzen Bevölkerungsmehrheit leben jedoch nach wie vor unter schwierigen sozialen Bedingungen; und auch die südafrikanische Identitätsbildung und Überwindung der Apartheid stellen noch immer laufende Prozesse dar. Zugleich ist sich das Land seiner Rolle in Afrika und der Situation des Kontinents sehr bewusst. In diesem Kontext spielen die sozialen Menschenrechte und die Menschenrechte der dritten Generation wie zum Beispiel das Recht auf Selbstbestimmung, das Recht auf Entwicklung, das Recht auf einen fairen Anteil an den natürlichen Ressourcen oder das Recht auf Frieden und eine lebenswerte Umwelt eine mindestens ebenso große, wenn nicht sogar bedeutendere Rolle als die bürgerlichen Freiheitsrechte (vgl. Krause 2017, S. 194ff.). Dies gilt für viele weitere afrikanische Staaten in vergleichbarem Maße. Trotz seiner selbsterklärten Funktion als Brückenbauer zwischen Globalem Süden und den westlichen Staaten hat Südafrika eine klare Verortung im Süden und sieht die afrikanische und die Süd-Süd-Solidarität als natürliche Priorität. Aufgrund seines Freiheitskampfes und seiner Verbindung zu anderen Freiheitsbewegungen, die den Kampf gegen die Apartheid unterstützten, sowie wiederholten Rückendeckungen westlicher Vetomächte für Südafrika zur Zeit der Rassentrennung ist Pretoria traditionell skeptisch gegenüber der Rolle westlicher Großmächte in der internationalen Politik. Große Teile der Regierungspartei ANC halten zudem weiterhin an antiimperialistischen und kommunistischen Einstellungen fest. Viele seiner Funktionäre und Mitglieder wähnen sich – gemeinsam mit anderen ehemaligen Befreiungsbewegungen – in einem neokolonialen Krieg mit dem Westen, der fortgesetzt versuche, die regierenden Befreiungsbewegungen in einer Art *roll-back* zu verdrängen (vgl. Aboobaker 2017). Insbesondere unter Jacob Zuma, aber auch unter Nelson Mandela standen der ANC sowie sein Präsident und damit Südafrika stets an der Seite der alten Kampfgenossen, unabhängig von deren internationaler Reputation oder westlichen Vorwürfen hinsichtlich deren Menschenrechtsbilanz (vgl. Mandela 1990).

Auch in Bezug auf weitere wichtige Fragen hinsichtlich der Einstellung zu bestimmten Prinzipien wie Gewaltverbot, Souveränität oder Nichteinmischung, die für die Position zum Konzept der Schutzverantwortung bedeutsam sind, ist die Haltung Pretorias abweichend von der vieler westlicher Regierungen. Souveränität genießt für Südafrika eine immense Bedeutung; und auch Interventionen, insbesondere seitens des Westens, steht das Land grundsätzlich ablehnend gegenüber. Eine Lösung sieht Pretoria, insbesondere seit der Präsidentschaft Thabo Mbekis, im Konzept einer *African Renaissance* mit *African solutions to African problems.* Diese Wiedergeburt Afrikas ist eng verbunden mit Stabilität und Ordnung sowie Sicherheit und selbstbestimmte Entwicklung ohne externe Einmischung. Als bevorzugte Konfliktbearbeitungsmittel gelten eine friedliche Beilegung etwaiger Streitfälle sowie stille Diplomatie, aber auch eine schützende, verantwortungsvolle und demokratische Regierungsführung (vgl. Krause 2017, S. 190f.). Unter dem Eindruck schwerer Menschenrechtsverletzungen wie zum Beispiel in Ruanda trug Südafrika die Entwicklung von der

OAU zur AU und damit vom strikten Prinzip der Nichtintervention zum Prinzip der Nichtgleichgültigkeit aktiv mit. Bei Ableitungen aus dem Artikel 4(h) der AU-Gründungsakte mit seinem Interventionsrecht bei massiven Gewaltverbrechen – analog zu den vier R2P-Verbrechen – werden verschiedene Aspekte häufig übersehen: Zum einen verbindet sich mit der Errichtung eines lokalen, afrikanischen R2P-Regimes und eines Interventionsrechts der AU, dass nach Mehrheitsentscheid in der Generalversammlung die afrikanischen Staaten alleine und selbst entscheiden, ob, wann und wie Interventionen durchgeführt werden. Zum anderen ist der Absatz (h) zur Intervention in diverse weitere Absätze des Artikels 4 eingebunden, die unter anderem eine friedliche Lösung von Konflikten sowie das Gewalt – und Interventionsverbot in den Beziehungen zwischen den Staaten der AU betonen (vgl. AU 2000). Das selbst gegebene Recht der AU, notfalls auch ohne ein Mandat des UN-Sicherheitsrates zu agieren und ohne äußere Einflüsse afrikanische Probleme anzugehen, ist eine wiederholte Forderung der afrikanischen Staaten. Auch der *Ezulwini-Konsensus*, die gemeinsame afrikanische Position zum 2005er UN-Reformgipfel, enthält diese und verbindet die Zustimmung zur Implementierung der R2P mit einer Reform des Sicherheitsrates, einschließlich permanenter afrikanischer Sitze mit Vetomacht (vgl. AU 2005). Dass die Afrikaner entschlossen sind, ihre strukturelle Machtimpotenz in der internationalen Politik nicht weiter hinzunehmen und notfalls auch ohne Mandat des Sicherheitsrates im Rahmen afrikanischer Lösungen für afrikanische Probleme militärische Gewalt anzudrohen oder anzuwenden, hat zuletzt der Fall Gambia nach den Wahlen im Dezember 2016 beziehungsweise Januar 2017 gezeigt. Abgesehen von russischen und britischen Hinweisen auf die sogenannte Intervention auf Einladung gab es keinerlei Autorisierung von Kapitel VII-Maßnahmen gegen den, sich trotz Wahlniederlage mit Gewalt an der Macht festklammernden Langzeit-Präsidenten

Yahya Jammeh. Dies hinderte ECOWAS und die Afrikanische Union jedoch nicht, in gleichlautenden Resolutionen mit Gewalt zu drohen und eine Luft-, See- und Landblockade Gambias einzuleiten. Schließlich übertraten – nach Einladung des sich gar nicht im Lande aufhaltenden, aber in einer Botschaft im Ausland gewählten und vereidigten Präsidenten Adama Barrow – ECOWAS-Truppen sogar die Grenze und erreichten dadurch den Rückzug Jammehs und den Vollzug des demokratisch legitimierten Machtwechsels (vgl. Kreß und Nussberger 2017).

Die Reaktionen von AU, ECOWAS und wichtigen Staaten wie Südafrika auf die Anwendung der *Protection of Civilians*-Doktrin oder der R2P zeigen, dass ihre Haltung zu diesen Konzepten sowie die Akzeptanz der darin verankerten Normen stark vom Grad der (prozeduralen) Beteiligung und Mitbestimmung bei deren Ausgestaltung und Implementierung abhängig ist. Im Falle der Elfenbeinküste beispielsweise wurden ECOWAS und AU sowohl bei der Autorisierung als auch bei der Umsetzung des Mandats aktiv beteiligt. Sie erhielten Gelegenheit für eigene Konfliktlösungsversuche, wirkten an der Formulierung der Mandate und Resolutionen mit, begleiteten deren korrekte Umsetzung und stellten Teile der UN-Friedenstruppen. Im Falle Libyens dagegen wurde die Resolution zwar mit Hilfe des Libanon und der Arabischen Liga (AL) formuliert und durchgesetzt, die Rückkehr der AU-Mission nach Tripolis aber kaum abgewartet, ehe die ersten Angriffe geflogen wurden und die AU im weiteren Fortgang der Ereignisse und der Implementierung von Mandat und Schutzverantwortung an den Rand gedrängt wurde. Im Ergebnis zeigte sich zu der stärker mit *Protection of Civilians* begründeten UN-Mission in der Elfenbeinküste eine deutlich positivere und offenere Haltung der afrikanischen Staaten, während ihre Position zur R2P nach Libyen deutlich kritischer ausfiel. Nach dieser Erfahrung wird die Schutzverantwortung ohne RwP-Beschränkung und Sicherheitsratsreform wohl nur noch in der lokalen afrikanischen AU-Variante weitgehend wohlwollend gesehen (vgl. Dembinski 2017, S. 825ff.).

Dass Südafrika und auch Nigeria und Gabun zunächst für die Resolution in Libyen stimmten, lässt sich auf mehrere Faktor zurückführen: auf die eigene Unerfahrenheit im Sicherheitsrat, auf vorangegangene Differenzen mit Gaddafi, auf die uneindeutige Haltung der Afrikanischen Union, auf die Zustimmung zur Resolution durch die Organisation für Islamische Zusammenarbeit und die Arabische Liga, auf den enormen Druck der USA auf höchster Ebene wie auf eine diffuse Entscheidungs- und Beratungsfindung innerhalb der Zuma-Administration (vgl. Landsberg und Moore 2012). Die Zustimmung zu 1973 dürfte auch angesichts der anschließenden heftigen Auseinandersetzungen und katastrophalen Folgen der Intervention sowie den entscheidenden Bestimmungsfaktoren südafrikanischer Außenpolitik bis auf Weiteres eher eine Ausnahme bleiben. Die im Kongo ab 2013 unter südafrikanischer Führung mit einem äußerst robusten *Protection of Civilians*-Mandat eingesetzte *Force Intervention Brigade* dürfte dem, was sich Pretoria unter eigener Beteiligung und in Afrika am äußersten Ende der Autorisierung von militärischer Gewalt und in Übereinstimmung mit eigenen nationalen Interessen vorstellen kann, am nächsten kommen: Zustimmung des Gastlandes, UN-Mandat (eine Alternative wäre auch ein AU-Mandat) und afrikanische Truppen mit afrikanischen Lösungen für afrikanische Konflikte. Gewalt gegen den Willen eines afrikanischen Staates ist im Rahmen und auf Beschluss der AU zwar nicht völlig ausgeschlossen, dürfte aber – im südafrikanischen Fall auch aufgrund konstant sinkender militärischer Fähigkeiten – eher ein Einzelfall bleiben. Dennoch haben die AU und ECOWAS demonstriert, dass sie bei illegitimen Versuchen, sich trotz verlorener Wahlen mit Gewalt an der Macht zu halten, oder Putschversuchen gegen legitime Regierungen durchaus bereit sind, selbst Gewalt anzudrohen oder auszuüben. Global dürften sie dazu nur im Falle von UN-Missionen und *Protection of Civilians*-Mandaten bereit sein. Sollten derartige Missionen afrikanische Staaten betreffen, dann würden diese eine angemessene Beteiligung und Mitwirkung der AU voraussetzen.

4 Konklusion

Die globale Ordnung war über lange Zeit westlich geprägt. Damit waren auch die Regeln, Normen und Prinzipien westlichen Ursprungs oder westlich dominiert und interpretiert. Mit der globalen Kräfteverschiebung in den asiatischen Raum und die südliche Hemisphäre sowie dem relativen Machtverlust des Westens wird es auch Auswirkungen auf die globalen Normen, auf die Weltordnung und ihre Regeln und damit auf politische Globalkonzepte wie die *Responsibility to Protect* geben. Mit Brasilien und China haben die ersten beiden nicht-westlichen Staaten damit begonnen, eigene Normvorstellungen zur Schutzverantwortung international zu vertreten. Dieser Trend dürfte zukünftig zunehmen; der grundsätzliche Wille vieler nicht-westlicher Staaten zu Mitbestimmung, Mitgestaltung und angemessener Repräsentation erstreckt sich mittlerweile auf das gesamte globale Ordnungssystem. Dies ist zum einen mehr als überfällig, denn die bestehende Weltordnung repräsentiert, insbesondere institutionell, noch allzu sehr den Stand der Ergebnisse des Zweiten Weltkrieges und der damaligen Kräfteverhältnisse. Heute stellen alleine die BRICS-Staaten mit knapp über drei Milliarden Menschen fast die Hälfte der Weltbevölkerung und tragen ökonomisch zu einem Drittel des globalen Bruttoinlandsprodukts bei. Zum anderen bedürfen die Veränderungen in der Weltordnung und die Reform des damit verbundenen Ordnungssystems zwar der aktiven Gestaltung und Begleitung, aber Befürchtungen, damit werde die Welt weniger liberal, weniger verrechtlicht und weniger offen, müssen sich nicht notwendigerweise bestätigen. Im Gegenteil: Die Mehrzahl der aufstrebenden Staaten hat ihren Aufstieg gerade dem bestehenden System zu verdanken. Sie fordern daher zwar eine Mitbestimmung in diesem System ein, wollen es aber – anders als die gegenwärtige US-Administration – nicht zerschlagen, sondern erhalten, mitgestalten und weiterentwickeln.

Ähnliches – mehr südliche Beiträge wie der brasilianische Vorschlag einer *Responsibility while Protecting* oder das daran anschließende chinesische *Responsible Protection*-Konzept – ist auch für die R2P-Debatte zu erwarten. Der Westen sollte sich jedenfalls auf Wettbewerb und Konkurrenz im normativen Raum der internationalen Politik einstellen (vgl. Regler 2015, S. 244). Die Schutzverantwortung als schwach kodifiziertes Konzept hat in einer zunehmend multipolaren und weniger westlichen Welt ohnehin nur dann eine Chance auf zunehmende Akzeptanz und Durchsetzung, wenn ihre Ausgestaltung und die dem Konzept zugrunde liegenden Werte, Normen und Prinzipien global inklusiv ausgehandelt und nicht als westlich oktroyiert empfunden werden. Daher besteht die Notwendigkeit, den Diskussions- und Konsensbildungsprozess zur R2P mit allen Akteuren fortzusetzen.

Literatur

Aboagye, Festus. 2012. South Africa and R2P: More State Sovereignty and Regime Security than Human Security? In *The Responsibility to Protect – From Evasive to Reluctant Action*, hrsg. von der Hanns-Seidel-Stiftung, dem Institute for Security Studies, der Konrad-Adenauer-Stiftung und dem South African Institute of International Affairs, 29–52. Johannesburg: United Litho.

Aboobaker, Shanti. 2017. At War With the West. http://amabhungane.co.za/article/2017-05-28-at-war-with-the-west. Zugegriffen: 17. Oktober 2018.

Afrikanische Union (AU). 2000. Constitutive Act of the African Union. http://www.achpr.org/instruments/au-constitutive-act/. Zugegriffen: 10. Oktober 2018.

Afrikanische Union (AU). 2005. The Common African Position on the Proposd Reform of the United Nations: The Ezulwini Consensus. http://www.un.org/en/africa/osaa/pdf/au/cap_screform_2005.pdf. Zugegriffen: 19. Oktober 2018.

Almeida, Paula Wojcikiewcz. 2017. Brazil's Inconsistent Approach towards International Organizations and R2P. In *Southern Democracies and the Responsibility to Protect. Perspectives from India, Brazil and South Africa*, hrsg. von Daniel Peters und Dan Krause, 71–100. Baden-Baden: Nomos.

Arnauld, Andreas von. 2015. Werdende Norm oder politisches Konzept? Zur völkerrechtlichen Einordnung der Responsibility to Protect. In *Schutzverantwortung in der Debatte: Die „Responsibility to Protect" nach dem Libyen-Dissens*, hrsg. von Michael Staack und Dan Krause, 55–76. Opladen: Barbara Budrich.

Banerjee, Dipankar. 2012. India and R2P: Reconciling the Tension Between Intervention and State Sovereignty. In *The Responsibility to Protect – From Evasive to Reluctant Action. The Role of Global Middle Powers*, hrsg. von der Hanns-Seidel-Stiftung, dem Institute for Security Studies, der Konrad-Adenauer-Stiftung und dem South African Institute of International Affairs, 91–100. Johannesburg: United Litho.

Benner, Thorsten. 2013. Brazil as a Norm Entrepreneur: The „Responsibility While Protecting"-Initiative. https://www.gppi.net/fileadmin/user_upload/media/pub/2013/Benner_2013_Working-Paper_Brazil-RWP.pdf. Zugegriffen: 18. Oktober 2018.

Bush, George H. W. 1992. State of the Union. https://www.nytimes.com/1992/01/29/us/state-union-transcript-president-bush-s-address-state-union.html. Zugegriffen: 10. Oktober 2018.

Charbonneau, Louis. 2011. U.N. Chief Defends NATO From Critics of Libya War. https://www.reuters.com/article/us-libya-nato-un-idUSTRE7BD20C20111214. Zugegriffen: 17. Oktober 2018.

Dembinski, Matthias. 2016. Regionale Sicherheitsorganisationen als Barrieren oder Bausteine globalen Regierens. https://www.hsfk.de/

fileadmin/HSFK/hsfk_publikationen/report0716.pdf. Zugegriffen: 16. Oktober 2018.
Dembinski, Matthias. 2017. Procedural Justice and Global Order: Explaining African Reaction to the Application of Global Protection Norms. *European Journal of International Relations* 23(4): 809–832.
Deng, Francis M., Sadikiel Kimaro, Terrence Lyons, Donald Rothchild und I. William Zartman (Hrsg.). 1996. *Sovereignty as Responsibility. Conflict Management in Africa*. Washington, D.C. Brookings Institution Press.
Esterhuyse, Abel. 2016. The South African Threat Agenda: Between Political Agendas, Perceptions and Contradictions. *S+F. Sicherheit und Frieden – Security and Peace* 34 (3): 191–197.
Evans, Gareth. 2013. Protecting Civilians Responsibly. https://www.project-syndicate.org/commentary/gareth-evanson-moves-by-china-and-other-brics-countries-to-embrace-humanitarian-intervention. Zugegriffen: 18. Oktober 2018.
Ganguly, Sumit. 2013. India in the Liberal Order. http://www.transatlanticacademy.org/publications/india-liberal-order. Zugegriffen: 23. September 2018.
Garwood-Gowers, Andrew. 2012. China and the „Responsibility to Protect": The Implications of the Libyan Intervention. *Asian Journal of International Law* 2 (2): 375–393.
Garwood-Gowers, Andrew. 2013. The BRICS and the Responsibility to Protect: Lessons From the Libyan and Syrian Crises. https://eprints.qut.edu.au/59649/. Zugegriffen: 18. Oktober 2018.
Garwood-Gowers. 2016. China's „Responsible Protection" Concept: Reinterpreting the Responsibility to Protect (R2P) and Military Intervention for Humanitarian Purposes. *Asian Journal of International Law* 6 (1): 89–118.
Geldenhuys, Deon. 2010. South Africa: The Idea-Driven Foreign Policy of a Regional Power. In *Regional Leadership in the Global System. Ideas, Interests and Strategies of Regional Powers*, hrsg. von Daniel Flemes, 151–167. Burlington: Ashgate.
Golovnina, Marina und Michael Georgy. 2011. West in „Mediaeval Crusade" on Gaddafi, Putin says. https://www.reuters.com/article/ozatp-libya-idAFJOE72K0DF20110321. Zugegriffen: 17. Oktober 2018.
Herz, Monica. 2013. Assumptions on Intervention and Security in South America. In *South America and Peace Operations. Coming of age*, hrsg. von Kai Michael Kenkel, 25–44. New York: Routledge.

International Commission on Intervention and State Sovereignty (ICISS). 2001. The Responsibility to Protect. http://responsibilitytoprotect.org/ICISS%20Report.pdf. Zugegriffen: 8. Oktober 2018.

Jaganathan, Madhan Mohan. 2017. It's more than What It Seems: Understanding India's Perspective on „Responsibility to Protect". In *Southern Democracies and the Responsibility to Protect. Perspectives from India, Brazil and South Africa*, hrsg. von Daniel Peters und Dan Krause, 41–70. Baden-Baden: Nomos.

Jaganatha, Madhan Mohan und Gerrit Kurtz. 2014. Singing the Tune of Sovereignty? India and the Responsibility to Protect. *Conflict, Security and Development* 14(4): 461–487.

Kenkel, Kai Michael. 2013. Introduction: Diversity Within a Common Culture: South America and Peace Operations. In *South America and Peace Operations. Coming of Age*, hrsg. von Kai Michael Kenkel, 1–22. New York: Routledge.

Kenkel, Kai Michael und Christina G. Stefan. 2016. Brazil and the Responsibility While Protecting Initiative: Norms and the Timing of Diplomatic Support. *Global Governance: A Review of Multilateralism and International Organizations* 22 (1): 41–58.

Kikoler, Naomi. 2014. Supporting African Solutions to African Problems – IBSA and the Implementation of Article 4 (h). In *Africa and the Responsibility to Protect: Article 4 (h) of the African Union Constitutive Act*, hrsg. von Dan Kuwali and Viljoen Frans, 325–337. London: Routledge.

Kozyrev, Vitaly 2016. Harmonizing „Responsibility to Protect": China's Vision of a Post-Sovereign World. *International Relations* 30 (3): 328–345.

Krause, Dan. 2015. Und sie bewegt sich doch! Indiens Haltung zur Responsibility to Protect. In *Schutzverantwortung in der Debatte: Die „Responsibility to Protect" nach dem Libyen-Dissens*, hrsg. von Michael Staack und Dan Krause, 181–215. Opladen: Barbara Budrich.

Krause, Dan. 2017. Still on Board? South Africa and the Responsibility to Protect. In *Southern Democracies and the Responsibility to Protect. Perspectives from India, Brazil and South Africa*, hrsg. von Daniel Peters und Dan Krause, 181–210. Baden-Baden: Nomos.

Kreß, Claus und Benjamin Nussberger. 2017. Pro-Democratic Intervention in Current International Law: The Case of The Gambia in January 2017. *Journal on the Use of Force and International Law* 4 (2): 239–252.

Kurowska, Xymena. 2014. Multipolarity as Resistance to Liberal Norms: Russia's Position on Responsibility to Protect. *Conflict, Security and Development* 14 (4): 489–508.

Landsberg, Chris. 2010. Pax South Africana and the Responsibility to Protect. *Global Responsibility to Protect* 2 (4): 436–457.

Landsberg, Chris and Candice Moore. 2012. South Africa's Libya Vote: How is Foreign Policy Decided? *New Agenda, South African Journal of Social and Economic Policy* 2012 (Fourth Quarter): 72–76.

Lucey, Amanda, Gustavo de Carvalho und Sibongile Gida. 2014. South Africa and the United Nations. Strengthening Opportunities for Effective Peacebuilding. https://issafrica.org/research/papers/south-africa-and-the-united-nations-strengthening-opportunities-for-effective-peacebuilding. Zugegriffen 01. November 2018.

Luck, Edward C. 2008. Der verantwortliche Souverän und die Schutzverantwortung. Auf dem Weg von einem Konzept zur Norm. *Vereinte Nationen* 56 (2): 51–58.

Mabera, Faith. 2016. Persönliches Interview mit dem Autor vom 9. September 2016. Pretoria: Institute for Global Dialogue.

Mabera, Faith und Tim Dunne. 2013. South Africa and the Responsibility to Protect. *R2P Ideas in brief* 3 (6): 1–11.

Mabera, Faith und Yolanda Spies. 2016. How Well does R2P Travel Beyond the West? In *The Oxford Handbook of the Responsibility to Protect*, hrsg. von Alex Bellamy und Tim Dunne, 208–226. New York: Oxford University Press.

Mandela, Nelson. 1990. Town Hall Meeting, June 21, 1990 in New York. https://www.youtube.com/watch?v=q6eE9BIUfBg. Zugegriffen: 16. Oktober 2018.

Masters, Lesley. 2012. Opening the „Black Box" – South African Foreign Policy Making. In *South African Foreign Policy Review*. Bd. 1, hrsg. von Chris Landsberg, Chris und Jo-Ansie van Wyk, 20–41. Pretoria: Africa Institute of South Africa.

Mohan, C. Raja. 2003 *Crossing the Rubicon: The Shaping of India's New Foreign Policy*. New York: Palgrave Macmillan.

Pidd, Helen 2011 Nato Rejects Russian Claims of Libya Mission Creep. https://www.theguardian.com/world/2011/apr/15/nato-libya-rasmussen-medvedev-criticism. Zugegriffen: 17. Oktober 2018.

Puri, Hardeep Singh. 2012. Statement by H. E. Ambassador H. S. Puri, Permanent Representative of India to the UN, An Informal Interactive

Dialogue on the Report of the Secretary General on Responsibility to Protect: Timely and Decisive Action at the 66th Session of the United Nations General Assembly vom 5 September 2012 in New York. http://responsibilitytoprotect.org/India.pdf. Zugegriffen: 1. Oktober 2018.

Regler, Sonja. 2015. Chinas Haltung zur R2P zwischen Skepsis und Offenheit. In *Schutzverantwortung in der Debatte: Die „Responsibility to Protect" nach dem Libyen-Dissens*, hrsg. von Michael Staack und Dan Krause, 229–246. Opladen: Barbara Budrich.

Ribeiro Viotti, Maria Luiza. 2011. Responsibility While Protecting: Elements for the Development and Promotion of a Concept. http://www.globalr2p.org/media/files/concept-paper-_rwp.pdf. Zugegriffen: 18. Oktober 2018.

Sampford, Charles und Ramesh Thakur. 2015. From the Right to Persecute to the Responsibility to Protect: Feuerbachian Inversions of Rights and Responsibilities in State-Citizen Relations In *Theorising the Responsibility to Protect*, hrsg. von Ramesh Thakur und William Maley, 38–58. Cambridge: Cambridge University Press.

Siko, John. 2014. *Inside South Africa's Foreign Policy. Diplomacy in Africa from Smuts to Mbeki*. New York: Palgrave Macmillan.

Smith, Karen. 2015. R2P and the Protection of Civilians: South Africa's Perspective on Conflict Resolution. SAIIA Policy Briefing Nr. 133. Berlin: Global Public Policy Institute.

Staack, Michael und Dan Krause (Hrsg.). 2015. *Schutzverantwortung in der Debatte: Die „Responsibility to Protect" nach dem Libyen-Dissens*. Opladen: Barbara Budrich.

Statista. 2018. Anteil der BRICS-Staaten am kaufkraftbereinigten globalen Bruttoinlandsprodukt (BIP) von 2008 bis 2018. https://de.statista.com/statistik/daten/studie/248719/umfrage/anteil-der-bric-staaten-am-globalen-bruttoinlandsprodukt-bip/. Zugegriffen: 16. Oktober 2018.

Stewart, Carina. 2011. Russia Accuses Nato of „Expanding" UN Libya Resolution. https://www.independent.co.uk/news/world/africa/russia-accuses-nato-of-expanding-un-libya-resolution-2306996.html. Zugegriffen: 17. Oktober 2018.

Swaine, Michael D. 2012. Chinese Views of the Syrian Conflict. https://carnegieendowment.org/files/Swaine_CLM_39_091312_2.pdf. Zugegriffen: 18. Oktober 2018.

Teitt, Sarah. 2011. The Responsibility to Protect and China's Peacekeeping Policy. *International Peacekeeping*. 18 (3): 298–312.

United Nations (UN). 1958. India and People's Republic of China: Agreement (with Exchange of Notes) on Trade and Intercourse Between Tibet Region of China and India. Signed at Peking, 29. April 1954. https://treaties.un.org/doc/publication/unts/volume%20299/v299.pdf. Zugegriffen: 2. Oktober 2018.

United Nations (UN), Security Council. 1999. Statement by the Permanent Representative of the Republic of India, Mr. Kamalesh Sharma, at the 3998th meeting, 23.03.1999, S/PV.3988. http://www.securitycouncilreport.org/atf/cf/%7B65BFCF9B-6D27-4E9C-8CD3-CF6E4FF96FF9%7D/kos%20SPV3988.pdf. Zugegriffen: 2. Oktober 2018.

United Nations (UN), Peacekeeping. 2018. Troop and Police Contributors. https://peacekeeping.un.org/en/troop-and-police-contributors. Zugegriffen: 18. Oktober 2018.

United Nations Development Programme (UNDP). 1994. Human Development Report 1994. http://hdr.undp.org/sites/default/files/reports/255/hdr_1994_en_complete_nostats.pdf. Zugegriffen: 20. September 2018.

Weiss, Thomas G. 2006. R2P after 9/11 and the World Summit. *Wisconsin International Law Journal* 24 (3): 741–760.

Williams, Paul D. 2007. From Non-Intervention to Non-Indifference: The Origins and Development of the African Union's Security Culture. *African Affairs* 106 (423): 253–279.

Wulf, Herbert. 2013. India's Aspirations in Global Politics. Competing Ideas and Amorphous Practices. http://inef.uni-due.de/cms/files/report107.pdf. Zugegriffen: 6. Oktober 2018.

Ziegler, Charles E. 2016. Russia on the Rebound: Using and Misusing the Responsibility to Protect. *International Relations* 30 (3): 346–361.

Zongze, Ruan. 2012. Responsible Protection: Building a Safer World. http://www.ciis.org.cn/english/2012-06/15/content_5090912.htm. Zugegriffen: 17. Oktober 2018.

Der Beitrag der internationalen Schutzverantwortung zu einer Ethik des gerechten Friedens
Eine Synthese

Thilo Marauhn

1 Neubestimmung des Verhältnisses zwischen Souveränitäts- und Individualschutz

Die Beiträge dieses Bandes und die dazu in der Arbeitsgruppe geführten Diskussionen begrüßen das Konzept der internationalen Schutzverantwortung als wichtigen Beitrag zu einer Ethik des gerechten Friedens. Sie sehen darin eine Möglichkeit, das Verhältnis zwischen staatlicher Souveränität und völkerrechtlichem Menschenrechtsschutz „neu zu denken, zu interpretieren und zu verknüpfen" (Dan Krause).

In der Charta der Vereinten Nationen wird die staatliche Souveränität weniger definiert als vielmehr vorausgesetzt. Sie scheint im Grundsatz der souveränen Gleichheit auf (Art. 2 Abs. 1 UN-Charta) und wird zwischenstaatlich durch das Gewalt- und Interventionsverbot (Art. 2 Abs. 4 und 1 UN-Charta) geschützt, also durch zwei Normen, die unabdingbarer Bestandteil des Charta-basierten Friedenssicherungsrechts sind. Das gleichermaßen vorhandene friedensbedrohende Potenzial der staatlichen Souveränität wird in

© Springer Fachmedien Wiesbaden GmbH, ein Teil von Springer Nature 2019
I.-J. Werkner und T. Marauhn (Hrsg.), *Die internationale Schutzverantwortung im Lichte des gerechten Friedens*, Gerechter Frieden,
https://doi.org/10.1007/978-3-658-25538-1_7

der Charta nur partiell und mittelbar aufgegriffen, nämlich zum einen durch die dem Sicherheitsrat nach Kapitel VII der Charta eingeräumten Handlungsoptionen, zum anderen durch das an die Vereinten Nationen adressierte Verbot, jenseits des VII. Kapitels in die inneren Angelegenheiten ihrer Mitglieder einzugreifen (Art. 2 Abs. 7 UN-Charta). Souveränitäts- und Individualschutz stehen sich allerdings nicht nur gegenüber. Sie werden in der UN-Charta auch miteinander verschränkt. Das kommt in der Präambel der Charta und in Art. 1 Abs. 3 UN-Charta besonders zum Ausdruck.

Das Konzept der internationalen Schutzverantwortung schärft den Blick für diese Relation. Souveränität wird dementsprechend nicht als Kontrolle, sondern als „Verantwortlichkeit" verstanden (Markus Böckenförde in Anlehnung an Rudolf 2013). Die so verstandene Schutzverantwortung wird in ihrer Fokussierung auf das aufgezeigte Spannungsverhältnis als „Konkretisierung des Basisprinzips einer Ethik der internationalen Beziehungen" eingeordnet (Thomas Hoppe). Dabei ist im Wesentlichen unstrittig, dass ihr spezifisches Potenzial erst greift, wenn es um schwerste Menschenrechtsverletzungen geht.

2 Normatives Konzept, aber keine völkerrechtliche Norm

Einig sind sich die Beiträge dieses Sammelbandes zudem darin, dass die Schutzverantwortung nicht im engeren Sinne als völkerrechtliche Norm zu fassen ist – und zwar weder als Konditionalnorm, also als Wenn-Dann-Verknüpfung, die bei Vorliegen bestimmter Voraussetzungen bestimmte Rechtsfolgen anordnet, noch als Finalnorm oder Zielbestimmung. Das liegt auch daran, dass sie sich einer Kategorisierung im Rahmen einer erweiterten Rechtsquellenlehre entzieht.

Vielmehr handelt es sich um ein politisches Konzept, das „rechtliche, ethische und politische Normen, Prinzipien und Überlegungen" bündelt (Dan Krause). Das Konzept nimmt völkerrechtliche Normen auf, gibt aber auch Gelegenheit, das Völkerrecht weiterzuentwickeln. Es bewegt sich dementsprechend auf der Ebene politischer Normativität und stellt eine „rechtsethische Überlegung" dar, die zur Bearbeitung „politischer Aufgaben" motiviert (Thomas Hoppe). Zugespitzt spricht Thomas Hoppe vom Spannungsverhältnis von „Legalität und Legitimität".

Damit ist die internationale Schutzverantwortung völkerrechtlich anschlussfähig, wirkt also auf völkerrechtliche Zusammenhänge ein, bewirkt aber gerade keine unmittelbaren Modifikationen geltender völkerrechtlicher Normen. Hierzu ist vielmehr auf Seiten der zur völkerrechtlichen Rechtsetzung befugten Akteure ein gesondertes Handeln erforderlich, für das die internationale Schutzverantwortung allerdings maßstabbildende politische Normativität entfalten kann. Das Konzept kann Normsetzungs- wie Normänderungsprozessen auf der völkerrechtlichen Ebene insoweit Legitimität verleihen.

3 Konkretisierungsbedarf

Der hohe Abstraktionsgrad des Konzepts der Schutzverantwortung, zumal in der Form, in der es Eingang in die Absätze 138 und 139 der Abschlusserklärung des Weltgipfels der Vereinten Nationen aus dem Jahr 2005 gefunden hat (UN-Dok. A/RES/60/1 vom 24. Oktober 2005), bedarf der Konkretisierung (Markus Böckenförde). Dabei geht es nicht nur um die Differenzierung zwischen der Pflicht zur Prävention, zur Reaktion und zum Wiederaufbau, sondern auch um die Gewichtung dieser Elemente und ihre Priorisierung. Die internationale Schutzverantwortung wird konkret in der Anwendung auf den Einzelfall. Dabei ist allerdings eine Reihe von Überlegungen zu berücksichtigen, die über das ursprünglich von der *International Commission on Intervention and State Sovereignty* (ICISS 2001) entwickelte Konzept hinausgehen und gerade nicht allein den Wertvorstellungen des Globalen Nordens zu entnehmen sind. Insbesondere ist normativ zu fordern, aber in Anbetracht „der globalen Kräfteverschiebung in den asiatischen Raum und die südliche Hemisphäre sowie dem relativen Machtverlust des Westens" auch zu erwarten, dass die Konkretisierung mehr und mehr unter Berücksichtigung der Interessen des Globalen Südens erfolgt: „Der Westen sollte sich jedenfalls auf Wettbewerb und Konkurrenz im normativen Raum der internationalen Politik einstellen" (Dan Krause).

Ein wichtiger, insoweit nicht zu unterschätzender Schritt ist in dieser Hinsicht die Entwicklung des Konzepts der *Responsibility while Protecting* (RwP) durch Brasilien. Stefan Oeter sieht darin einen Versuch,

> „offene Fragen der Diskussion um die *Responsibility to Protect* (R2P) einer Klärung zuzuführen und auf diese Art die Konzeption der R2P in eine spezifische Richtung hin weiterzuentwickeln, unter Betonung des absoluten Ausnahmecharakters militärischer Intervention als Form kollektiver Durchsetzung der Schutzverantwortung".

So wichtig dieser brasilianische Vorstoß für die Entwicklung der Debatte war, so bemerkenswert ist es, dass Brasilien sich zumindest indirekt schrittweise von seiner Initiative distanzierte, diese aber die wissenschaftliche und politische Debatte insbesondere über die Ausübung des Vetorechts im Sicherheitsrat deutlich beeinflusste (Stefan Oeter). Oeter spricht sich dafür aus, „den brasilianischen Vorstoß der RwP aufzunehmen und zur Grundlage weiterer Bemühungen um normative Konsensbildung zu nehmen".

4 Prävention

Im Rahmen einer Ethik des gerechten Friedens ist es von zentraler Bedeutung, die Pflicht zur Prävention besonders in den Blick zu nehmen. Es geht um die aktive Vermeidung von Situationen, in denen die Wahrscheinlichkeit von schweren Menschenrechtsverletzungen zunimmt. Dazu gehört es, Konfliktpotenziale frühzeitig zu erkennen, Frühwarnsysteme zu installieren und Konfliktbearbeitungstechniken zu entwickeln. Langfristig angelegte strukturelle Vorkehrungen, wie sie im Konzept des guten Regierens zum Ausdruck kommen, gehören ebenfalls zur Prävention.

Einerseits ist es in diesem Zusammenhang von Bedeutung, die lange Tradition präventiv wirkender politischer Instrumentarien im Blick zu behalten. Andererseits fällt auf, dass es „für die *Responsibility to Prevent* durchaus ein von generellen Konfliktpräventionsfeldern abgrenzbaren Einsatzbereich gibt, der auf den Kern der Schutzverantwortung zugeschnitten ist" (Markus Böckenförde). Bemerkenswert ist in diesem Zusammenhang, dass diese Komponente der internationalen Schutzverantwortung in der politischen nationalen und internationalen Praxis immer weniger explizit in Bezug genommen wird, vermutlich aus Angst vor den weiteren Elementen der Schutzverantwortung.

5 Gewalt nur als *ultima ratio*

Dass die internationale Gemeinschaft die Pflicht zur Reaktion dadurch rechtlich einhegt, dass die Abschlusserklärung des Weltgipfels der Vereinten Nationen aus dem Jahr 2005 gewaltsame Reaktionsmöglichkeiten an das Friedenssicherungsrecht rückbindet und dessen Eckpunkte – insbesondere das zwischenstaatliche Gewaltverbot – betont, scheint auf den ersten Blick die Einbindung der internationalen Schutzverantwortung in eine Ethik des gerechten Friedens zu erleichtern.

Bedauerlicherweise beantwortet diese Rückbindung aber gerade nicht die zentrale Frage danach, was aus friedensethischer Perspektive zu tun ist, wenn die Anwendung des Friedenssicherungssystems der Vereinten Nationen zu einer Nicht-Reaktion auf schwerste Menschenrechtsverletzungen führt. Hier besteht ein (rechts-)politischer Klärungsbedarf, wie Oeter betont:

> „Will man einen Rest an Handlungsfähigkeit des Sicherheitsrats unter Kapitel VII sichern, so wäre ein weitreichender normativer Konsens über das Verhältnis von R2P und militärischer Intervention (als *ultima ratio*) zwingend erforderlich".

Zahlreiche Vorschläge liegen insoweit auf dem Tisch. Zu diesen gehört insbesondere die Überlegung, dass die ständigen Mitglieder des Sicherheitsrats „ihre Vetobefugnisse evident nur zum Schutz ihrer politischen Klienten einsetzen" (Stefan Oeter). Dabei ist allerdings zu bedenken, dass der Vorstoß Frankreichs, einen Verhaltenskodex für die Ausübung des Vetos zu entwickeln, „auf eher ungnädige Reaktionen der anderen ständigen Mitglieder des Sicherheitsrats" stieß (Stefan Oeter in Anlehnung an Bellamy und Dunne 2016). Die völkerrechtlichen wie auch politischen Perspektiven in diese Richtung dürften zurzeit aus zahlreichen Gründen – auch im Hinblick auf Tendenzen wichtiger Akteure, sich dem Multilateralismus zu entziehen – eher bescheiden sein.

6 Verantwortung leben

Wenn die völkerrechtlichen wie politischen Normen auf internationaler Ebene keine abschließenden Antworten für eine Integration der internationalen Schutzverantwortung in eine Ethik des gerechten Friedens geben, dann heißt dies noch lange nicht, dass eine solche nicht möglich ist. So beschränken sich denn auch die Beiträge in diesem Band nicht darauf, das Konzept der Schutzverantwortung als Beitrag zu einer solchen Ethik zu begrüßen. Vielmehr anerkennen sie, dass es Situationen gibt, in denen keine der zur Verfügung stehenden Optionen ein Handeln ohne Schuld ermöglicht. Sie anerkennen, dass sich das Spannungsverhältnis zwischen Souveränitäts- und Individualschutz eben nicht immer befriedigend auflösen lässt, dass Gerechtigkeit und Frieden eben nicht konfliktfrei nebeneinander stehen, so sehr sie sich gegenseitig bedingen. Tobias Zeeb betont überzeugend, dass

> „die theologische Ethik einen weiterführenden Gesprächsbeitrag zur Begründung und Stärkung von internationaler Schutzverantwortung leisten [kann], indem sie auf die konstitutive Bedeutung der Transzendenz für die Verantwortung [...] hinweist".

Eine solche Verantwortung, wenn sie denn „weder rein theologisch-spekulativ noch dogmatisch-abstrakt, sondern [...] als konkret erfahrbar gedacht [wird]" (Tobias Zeeb), eröffnet Perspektiven auf konkrete Entscheidungen, die den Menschen in den Mittelpunkt stellen, der zur Entfaltung seiner Individualität und seiner Kollektivität gleichermaßen auf Frieden und den Schutz seiner Rechte angewiesen ist. Eine solche Verantwortung lässt sich nur in konkreten politischen Entscheidungen manifestieren, nicht in abstrakten Normen. In diesem Sinne kann die internationale Schutzverantwortung eine Ethik des gerechten Friedens anreichern.

Literatur

Bellamy, Alex J. und Tim Dunne. 2016. R2P in Theory and Practice. In *The Oxford Handbook of the Responsibility to Protect*, hrsg. von Alex J. Bellamy und Tim Dunne, 3–19. Oxford: Oxford University Press.

International Commission on Intervention and State Sovereignty (ICISS). 2001. *The Responsibility to Protect. Report of the International Commission on Intervention and State Sovereignty*. Ottawa: International Development Research Centre.

Rudolf, Peter. 2013. Schutzverantwortung und Humanitäre Intervention. *Aus Politik und Zeitgeschichte*. 2013 (37): 12–17.

Autorinnen und Autoren

Markus Böckenförde, Dr. iur., Professor für Vergleichendes Verfassungsrecht und Humanitäres Völkerrecht an der Central European University in Budapest

Thomas Hoppe, Dr. theol. habil., Professor für Katholische Theologie unter besonderer Berücksichtigung der Sozialwissenschaften und der Sozialethik an der Helmut-Schmidt-Universität, Universität der Bundeswehr Hamburg

Dan Krause, M.A./M.P.S., Hptm. a. D., OTL d. R., Wissenschaftlicher Mitarbeiter und Doktorand am Institut für Internationale Politik der Helmut-Schmidt-Universität, Universität der Bundeswehr Hamburg

Thilo Marauhn, Dr. iur. habil., Professor für Öffentliches Recht und Völkerrecht an der Justus-Liebig-Universität Gießen

© Springer Fachmedien Wiesbaden GmbH, ein Teil von Springer Nature 2019
I.-J. Werkner und T. Marauhn (Hrsg.), *Die internationale Schutzverantwortung im Lichte des gerechten Friedens*, Gerechter Frieden,
https://doi.org/10.1007/978-3-658-25538-1

Stefan Oeter, Dr. iur. habil., Professor für Öffentliches Recht, Völkerrecht und ausländisches Öffentliches Recht an der Fakultät für Rechtswissenschaft und geschäftsführender Direktor des Instituts für internationale Angelegenheiten der Universität Hamburg

Ines-Jacqueline Werkner, Dr. rer. pol. habil., Friedens- und Konfliktforscherin an der Forschungsstätte der Evangelischen Studiengemeinschaft e. V. in Heidelberg und Privatdozentin am Institut für Politikwissenschaft an der Goethe-Universität Frankfurt a. M.

Tobias Zeeb, Dipl. theol., Doktorand der Evangelischen Theologie an der Eberhard Karls Universität Tübingen und Promotionsstipendiat im Rahmen des Projektes „Orientierungswissen zum gerechten Frieden" an der Forschungsstätte der Evangelischen Studiengemeinschaft e. V. in Heidelberg

MIX
Papier aus verantwortungsvollen Quellen
Paper from responsible sources
FSC® C105338

If you have any concerns about our products,
you can contact us on
ProductSafety@springernature.com

In case Publisher is established outside the EU,
the EU authorized representative is:
**Springer Nature Customer Service Center GmbH
Europaplatz 3, 69115 Heidelberg, Germany**

Printed by Libri Plureos GmbH
in Hamburg, Germany